NIETZSCHE PARA TODOS

Filosofia com Humor para o Dia a Dia

Neemias Moretti Prudente

Factótum Cultural

Direitos autorais © 2024 Factótum Cultural

Editor-chefe: Neemias Moretti Prudente
Diagramação, Capa e Revisão por Editora Factótum Cultural

Dados Internacionais de Catalogação na Publicação (CIP)
(Câmara Brasileira do Livro, SP, Brasil)

Prudente, Neemias Moretti. Nietzsche para Todos: Filosofia com
Humor para o Dia a Dia. Maringá: Factótum Cultural, 2024.
(Coleção Conhecimento & Humor. V. 1)

ISBN: 978-65-984299-0-4

1. Nietzsche. 2. Filosofia. 3. Humor. 4. Conhecimento. I. Prudente,
Neemias Moretti.

Factótum Cultural
https://www.factotumcultural.com.br
@factotumcultural
2024

Torna-te quem tu és

FRIEDRICH NIETZSCHE

ÍNDICE

APRESENTAÇÃO

Bem-vindo à Coleção "Conhecimento & Humor". Estamos empolgados em apresentar "Nietzsche para todos: Filosofia com Humor para o Dia a Dia", o primeiro livro da coleção "Conhecimento & Humor", publicado pela Editora Factótum Cultural.

A coleção "Conhecimento & Humor" nasceu da convicção de que o aprendizado e a reflexão não precisam ser áridos ou intimidantes. Ao contrário, acreditamos que o conhecimento pode e deve ser parte integrante do nosso cotidiano, oferecendo insights valiosos que podem melhorar nossas vidas de forma concreta. E o humor? Bem, ele é a melhor ferramenta para tornar esse processo ainda mais agradável.

Neste primeiro volume, mergulhamos no mundo provocativo e inspirador de Friedrich Nietzsche, vulgo Mozão Frederico. Conhecido por suas ideias desafiadoras e suas frases marcantes, Nietzsche é muitas vezes visto como um filósofo difícil e sério. No entanto, através de uma abordagem leve e bem-humorada, este livro pretende desmistificar suas ideias e aplicá-las à vida moderna de uma maneira prática e divertida.

Cada capítulo aborda um conceito central da filosofia de Nietzsche, explicando-o de forma clara e ilustrando como ele pode ser aplicado em nosso dia a dia. Desde a "vontade de poder", o "Übermensch" até o "eterno retorno", passando pelo famoso "Deus está morto", exploramos como essas ideias interligadas podem nos ajudar a viver de maneira mais autêntica e significativa.

Para tornar a leitura ainda mais envolvente, incluímos anedotas, diálogos imaginários e exemplos humorísticos que tornam os conceitos filosóficos mais palpáveis e divertidos. Afinal, rir é uma das melhores formas de aprender e refletir.

A coleção **"Conhecimento e Humor"** visa trazer o conhecimento e seus saberes para mais perto de você, sem a necessidade de um diploma em qualquer área do conhecimento. Queremos que você se sinta à vontade para explorar e questionar, rindo e aprendendo ao longo do caminho. Cada livro da coleção focará em um saber diferente, oferecendo uma visão abrangente, prática e, acima de tudo, divertida.

Nos próximos volumes, continuaremos essa jornada intelectual com outros saberes. Prepare-se para encontrar temas como Criminologia, Saúde Mental, Inteligência Artificial, Espiritualidade, Helenismo, Ufologia e muitos outros, sempre com a mesma abordagem acessível e bem-humorada.

Esperamos que você desfrute da leitura de **"Nietzsche para todos: Filosofia com Humor para o Dia a Dia"** e que ela enriqueça sua visão de mundo e transforme à sua maneira de pensar. Prepara-se para aprender, rir e, acima de tudo, viver melhor com **"Nietzsche para Todos"**.

Que esta coleção traga conhecimento e humor para sua vida, tornando o aprendizado uma aventura prazerosa e enriquecedora.

Neemias Moretti Prudente
Inverno de 2024.
Maringá, PR, Brasil.

INTRODUÇÃO - RIR É SUPER-HUMANO

Bem-vindo ao mundo fascinante, provocador e, muitas vezes, desconcertante de Friedrich Nietzsche! Mas espere, antes de torcer o nariz e pensar que este é apenas mais um livro pesado de filosofia, deixe-me garantir que você está prestes a embarcar em uma jornada que combina profundas reflexões filosóficas com boas doses de risadas. Sim, você leu certo. Risadas. Porque, como Nietzsche mesmo disse, "há sempre alguma loucura no amor. Mas há sempre um pouco de razão na loucura." E é nessa loucura deliciosa que vamos mergulhar.

Nietzsche, o homem que declarou que "Deus está morto" e nos apresentou o conceito de "Super-Homem" (Übermensch), também tinha um senso de humor afiado. Embora sua reputação seja a de um filósofo sério e até sombrio, Nietzsche sabia usar a ironia e o sarcasmo como ninguém. Ele desafiou convenções, questionou tudo e todos, e fez isso com uma sagacidade que muitas vezes passa despercebida.

Por Que Escrever Um Livro Sobre Nietzsche Com Humor?

A filosofia de Nietzsche é, sem dúvida, complexa

e profunda, mas também é incrivelmente relevante para os dias de hoje. Suas ideias sobre a moralidade, a verdade, o poder e a vida são como um bálsamo para nossa época de incertezas e transformações. Porém, para muitos, Nietzsche permanece um mistério, escondido atrás de frases imponentes, aforismos e conceitos desafiadores. Este livro tem como objetivo desmistificar Nietzsche, tornando suas ideias acessíveis e aplicáveis à vida moderna, e, por que não, divertidas?

Ao misturar humor com filosofia, esperamos não apenas esclarecer os pensamentos de Nietzsche, mas também mostrar que pensar filosoficamente pode ser uma experiência leve e agradável. Afinal, quem disse que filosofia precisa ser sempre séria? Rir de nós mesmos e das situações que enfrentamos é uma maneira poderosa de lidar com as complexidades da vida, e Nietzsche, com toda sua crítica mordaz à moralidade e à cultura, certamente apreciaria um toque de ironia nesta abordagem.

Como Este Livro Está Estruturado

Cada capítulo deste livro abordará uma das ideias principais de Nietzsche, explicando seu contexto, seu significado e, mais importante, como podemos aplicá-la hoje. A seguir, daremos um toque humorístico a essas ideias, imaginando como Nietzsche lidaria com as situações modernas e oferecendo anedotas e exemplos engraçados para ilustrar seus pontos.

Por exemplo, você aprenderá sobre o conceito de "Apolíneo e Dionisíaco" e verá como equilibrar trabalho e lazer com humor. Descobrirá o que significa viver como um "Super-Homem" no subúrbio e como aplicar a "Vontade de Poder" em situações cotidianas, como negociar um aumento ou simplesmente sobreviver a uma reunião chata.

Por Que Nietzsche É Relevante Hoje?

Vivemos em uma época de rápidas mudanças, onde as antigas certezas estão sendo questionadas e novos valores estão emergindo. As ideias de Nietzsche sobre a necessidade de reavaliar todos os valores, de superar o ressentimento e de viver de acordo com a própria vontade de poder são mais pertinentes do que nunca. Este livro não apenas explicará essas ideias, mas também mostrará como elas podem ser aplicadas de maneiras práticas e, claro, com muito humor.

Preparado Para A Jornada?

Então, vamos lá. Prepare-se para rir, refletir e talvez até mudar a maneira como você vê o mundo. Nietzsche nos oferece uma visão única da vida, e com um pouco de humor, essa visão pode se tornar não apenas compreensível, mas também incrivelmente inspiradora.

Lembre-se, como Nietzsche disse, "o que não nos mata nos torna mais fortes" – e talvez também nos faça rir. Bem-vindo a **"Nietzsche para todos: Filosofia com Humor para o Dia a Dia"**.

Vamos começar essa jornada filosófica com um

sorriso.

XIV

CAPÍTULO 1 - QUEM FOI FRIEDRICH NIETZSCHE?

Infância, Formação E Carreira Acadêmica

Friedrich Nietzsche teve uma vida marcada por intensas atividades intelectuais, saúde frágil e, eventualmente, um colapso mental. Aqui estão alguns detalhes sobre sua vida.

Friedrich Wilhelm Nietzsche nasceu em Röcken, uma pequena aldeia na Prússia (hoje parte da Alemanha), em 15 de outubro de 1844. Seu pai, Carl Ludwig Nietzsche, era pastor luterano e morreu quando Nietzsche tinha apenas cinco anos. Nietzsche foi então criado por sua mãe, Franziska, sua avó e duas tias.

Nietzsche foi um aluno brilhante e, aos 14 anos, recebeu uma bolsa para estudar no prestigiado internato Schulpforta. Depois, ele estudou teologia e filologia clássica na Universidade de Bonn (onde ingressou em 1864), mas abandonou a teologia e se concentrou na filologia.

Posteriormente, transferiu-se para a Universidade de Leipzig, onde foi fortemente influenciado pelas obras de Arthur Schopenhauer e pela música de Richard Wagner, ambos desempenhando papéis significativos em seu desenvolvimento intelectual.

Aos 24 anos, Nietzsche foi nomeado professor de

filologia clássica na Universidade de Basileia, na Suíça, um feito notável para alguém tão jovem.

Últimos anos, colapso mental E legado Nietzsche sofria de vários problemas de saúde, incluindo enxaquecas severas, problemas digestivos e distúrbios visuais, que o forçaram a tirar licenças médicas frequentes.

Em 1879, devido ao agravamento de seus problemas de saúde, Nietzsche renunciou à sua cátedra em Basileia e passou a viver como um filósofo independente. Ele viveu de pequenas pensões e do apoio de amigos, enquanto se deslocava por várias cidades na Suíça, Itália e França.

Durante esse período, ele se dedicou inteiramente à escrita e à filosofia. Suas ideias, embora inicialmente recebidas com indiferença, mais tarde ganharam grande influência que continuam a ressoar até hoje.

Em janeiro de 1889, Nietzsche sofreu um colapso mental em Turim, Itália. Há relatos de que ele teria abraçado um cavalo que estava sendo chicoteado, mas o que exatamente desencadeou seu colapso permanece incerto. Acredita-se que ele tenha sofrido de sífilis terciária, que pode ter causado danos neurológicos graves. Há quem diga que ele fingiu estar louco até a sua morte.

Após seu colapso, ele foi levado para um asilo em Basileia e passou os últimos 11 anos de sua vida em estado de incapacidade mental, a princípio sob os cuidados de sua mãe em Naumburg e, posteriormente, de sua irmã, Elisabeth Förster-Nietzsche, que cuidou dele até sua morte. Nietzsche faleceu em 25 de agosto de 1900, em Weimar, Alemanha.

Sua irmã desempenhou um papel significativo na publicação póstuma e na interpretação das obras de Nietzsche, embora ela tenha sido criticada por distorcer suas ideias para alinhar-se ao nacionalismo alemão e ao antissemitismo.

Apesar das controvérsias, as ideias de Nietzsche tiveram um impacto profundo em várias áreas do conhecimento, desde a filosofia e psicologia até a literatura, arte e política. Seu estilo aforístico e sua abordagem radical desafiaram as convenções filosóficas de sua época, e suas críticas à moralidade, religião e cultura ocidental continuam a ressoar.

Embora muitas vezes mal interpretado e controverso, Nietzsche é reconhecido como uma das figuras mais importantes e influentes da filosofia moderna. Sua obra continua a inspirar novas gerações a questionar, refletir e criar, mantendo-se relevante em um mundo em constante mudança.

Humor: "Nietzsche Na Sala De Aula Moderna"

Vamos imaginar Nietzsche como um professor em uma sala de aula moderna, tentando explicar suas ideias para os alunos de hoje.

Professor Nietzsche: "Bom dia, classe! Hoje vamos falar sobre a 'morte de Deus'. Alguém tem uma ideia do que isso significa?"

Aluno 1: "Significa que precisamos de novos memes

para preencher o vazio?"

Professor Nietzsche: "Interessante... De certa forma, sim! Significa que precisamos criar nossos próprios valores e significados em um mundo onde as antigas certezas já não funcionam."

Aluno 2: "Então, é tipo reiniciar nosso sistema operacional mental?"

Professor Nietzsche: "Exatamente! E lembrem-se, a vida é uma aventura para ser vivida com intensidade e alegria, mesmo nas dificuldades. Agora, vamos explorar como podemos ser nossos próprios Übermenschen!"

CAPÍTULO 2 - NIETZSCHE VS. A MORALIDADE: RIR PARA NÃO CHORAR

Moralidade Dos Escravos E Dos Senhores: Crítica Aos Valores Tradicionais

Friedrich Nietzsche não era exatamente um fã da moralidade tradicional. Na verdade, ele a via como uma espécie de prisão para o espírito humano. Para Nietzsche, a moralidade que dominava a Europa de sua época era uma moralidade de escravos, que promovia a humildade, a submissão e o conformismo. Mas o que isso significa exatamente, e como isso se aplica a nós hoje?

Segundo Nietzsche, existem dois tipos principais de moralidade: a "moralidade de escravos" e a "moralidade de senhores". A moralidade de senhores valoriza a força, a coragem, a ambição, a criatividade e a excelência pessoal, enquanto a moralidade de escravos promove valores como fraqueza, humildade, obediência, compaixão e igualdade, que Nietzsche via como uma reação ressentida dos fracos contra os fortes.

Em "Além do Bem e do Mal", Nietzsche argumenta que a moralidade dos escravos foi imposta pelos fracos para controlar os fortes. Isso não soa familiar? Pense nas inúmeras regras e normas sociais que, em vez de promoverem a individualidade e a liberdade, muitas vezes reprimem nosso verdadeiro eu.

Aplicação Prática: Como Identificar E Desafiar Valores Herdados No Dia A Dia

Então, como podemos identificar esses valores herdados e, mais importante, como podemos desafiá-los? Vamos começar com alguns exemplos cotidianos.

1. A moralidade no trabalho:

Exemplo: Você sempre diz "sim" a tarefas extras no trabalho, mesmo quando está sobrecarregado.

Desafio: Questione se essa obediência cega está realmente servindo aos seus melhores interesses ou se está apenas fortalecendo uma moralidade de escravos. Talvez seja hora de dizer "não" e afirmar seus limites com confiança.

2. A moralidade nas relações pessoais:

Exemplo: Você se sente culpado por colocar suas necessidades à frente das dos outros.

Desafio: Reflita sobre o valor da autoafirmação. Lembre-se, cuidar de si mesmo não é egoísmo; é uma necessidade para viver uma vida plena e saudável.

3. A moralidade na educação:

Exemplo: Seguir rigidamente as normas acadêmicas sem questionar.

Desafio: Incentive a criatividade e o pensamento crítico. Questione por que certas normas existem e se elas realmente contribuem para o seu crescimento intelectual.

Humor: Diálogos Imaginários Entre Nietzsche E Figuras Morais Como Kant E A "Vovó Moralista"

Vamos trazer um pouco de humor para a discussão. Imagine um diálogo entre Nietzsche e Immanuel Kant?

Kant: "Devemos agir de acordo com o dever, Friedrich. A moralidade é universal e inquestionável."

Nietzsche: "Ah, Kant, você e suas regras rígidas. Que tal viver um pouco mais perigosamente? A moralidade deve ser criada, não seguida cegamente. Agora, vamos jogar dardos e ver quem consegue acertar a lógica universal da moralidade!"

E que tal um encontro imaginário entre Nietzsche e uma "Vovó Moralista":

Vovó Moralista: "Friedrich, meu querido, sempre

obedeça aos mais velhos e faça o que te mandam. Humildade é uma virtude!"

Nietzsche: "Querida vovó, humildade é para os fracos! Um verdadeiro espírito livre desafia as ordens e cria seus próprios valores. Agora, passe-me o bolo de chocolate, pois vou comer a sobremesa antes do jantar. Afinal, quem disse que a ordem importa?"

Rindo Da Moralidade: Uma Nova Perspectiva

O humor nos ajuda a ver a moralidade sob uma nova luz. Ao rir das situações em que nos sentimos presos por normas e expectativas, podemos começar a desafiá-las e encontrar maneiras mais autênticas de viver. Nietzsche nos encoraja a questionar tudo, inclusive nós mesmos, e a buscar uma moralidade que realmente ressoe com nossa verdadeira natureza.

Portanto, na próxima vez que se pegar seguindo uma regra sem pensar, pergunte-se: "Isso é uma moralidade de escravo ou de senhor?" E, se for possível, ria da situação. Porque, afinal, rir é super-humano, e Nietzsche, com certeza, aprovaria.

CAPÍTULO 3 - APOLÍNEO E DIONISÍACO: FESTAS E PLANILHAS

Conceitos Apolíneo E Dionisíaco: Ordem Vs. Caos

Se você já leu Nietzsche, provavelmente se deparou com os termos "apolíneo" e "dionisíaco". Esses conceitos, introduzidos em sua obra "O Nascimento da Tragédia", representam duas forças opostas que Nietzsche acreditava estar em constante luta dentro de nós e na sociedade.

Apolíneo refere-se ao deus grego Apolo, que simboliza a ordem, a razão, a clareza e a harmonia. Pense em Apolo como aquele colega de trabalho que mantém a mesa impecavelmente organizada, adora planilhas e nunca perde um prazo. Apolo é a personificação da disciplina e da forma.

Dionisíaco, por outro lado, vem do deus Dionísio, que representa o caos, a emoção, o instinto, a festa e a desordem. Dionísio é aquele amigo que sempre está pronto para uma festa, adora quebrar as regras e vive no momento. Ele é a encarnação da paixão e da intuição.

Nietzsche acreditava que a tragédia grega era uma síntese perfeita dessas duas forças, e que a vida autêntica também deveria buscar esse equilíbrio. Mas o que isso significa para nós, meros mortais vivendo no século XXI? Como podemos equilibrar essas forças em nossas vidas modernas?

Aplicação Prática: Equilibrando Trabalho E Lazer Na Vida Moderna

Vamos explorar como os princípios apolíneos e dionisíacos podem ser aplicados de forma prática, especialmente no equilíbrio entre trabalho e lazer.

1. No escritório:

Exemplo Apolíneo: Sua mesa está sempre organizada, você planeja seu dia meticulosamente e cumpre todas as suas tarefas.

Exemplo Dionisíaco: Você traz criatividade e inovação para o trabalho, talvés até um toque de caos produtivo, como improvisar uma sessão de brainstorming no meio do dia.

Desafio: Encontre um equilíbrio. Organize suas tarefas, mas deixe espaço para a criatividade. Talvez planeje uma hora no seu dia para pensar fora da caixa ou para uma atividade que inspire sua intuição.

2. Em casa:

Exemplo Apolíneo: Você segue uma rotina estrita, com horários fixos para todas as atividades.

Exemplo Dionisíaco: Você é flexível e está sempre

aberto a mudar seus planos se surgir algo mais interessante ou emocionante.

Desafio: Mantenha uma rotina para as tarefas essenciais, mas permita-se a flexibilidade de mudar planos e aproveitar momentos espontâneos.

3. No lazer:

Exemplo Apolíneo: Planejar suas férias com meses de antecedência, incluindo todos os detalhes.

Exemplo Dionisíaco: Fazer uma viagem sem um itinerário definido, deixando-se levar pelo momento.

Desafio: Planeje o básico, mas deixe espaço para a improvisação e para aproveitar o inesperado.

Humor: "Dionísio Numa Festa De Escritório" E "Apolo Gerenciando Uma Startup"

Para adicionar um toque de humor, vamos imaginar como seria se Dionísio e Apolo se encontrassem em situações modernas:

Dionísio numa festa de escritório:

Cena: Festa de final de ano da empresa. Dionísio chega com um cooler cheio de bebidas exóticas.

Dionísio: "Vamos lá, pessoal! Soltem os relatórios e peguem um drink. Quem precisa de planilhas quando temos música e dança?"

Colega Apolíneo: "Mas Dionísio, temos uma apresentação amanhã cedo".

Dionísio: "Apresentação? A verdadeira apresentação é viver o momento! Agora, alguém quer aprender a dançar sirtaki?"

Apolo gerenciando uma startup:

Cena: Reunião de planejamento trimestral. Apolo está na frente com um projetor e slides perfeitamente formatados.

Apolo: "Nosso plano estratégico para o próximo trimestre está aqui. Tudo organizado em metas SMART."

Funcionário Dionisíaco: "E se lançássemos uma campanha publicitária imprevisível e emocionante?"

Apolo: "Imprevisível? A única coisa imprevisível aqui deve ser nosso nível de sucesso. Vamos nos ater ao plano, pessoal."

Rindo Da Dualidade: Uma Nova Perspectiva

O humor nos ajuda a ver a necessidade de equilíbrio entre o apolíneo e o dionisíaco. A ordem sem caos pode levar à rigidez e à monotonia, enquanto o caos sem ordem pode resultar em desorganização e estresse. Nietzsche nos encoraja a encontrar um meio-termo (equilíbrio ou caminho do meio), onde podemos planejar e ser produtivos, mas também aproveitar a vida e ser criativos.

Portanto, da próxima vez que você estiver no trabalho ou em casa, pergunte-se: "Estou sendo muito apolíneo ou muito dionisíaco?" E se puder, ria da situação. Porque, afinal, a vida é uma dança entre ordem e caos, e um pouco de humor pode nos ajudar a encontrar nosso próprio ritmo.

CAPÍTULO 4 - O SUPER-HOMEM NO SUBÚRBIO: PEQUENOS GRANDES HERÓIS

O Übermensch: Superando Limites E Criando Novos Valores

Friedrich Nietzsche introduziu o conceito de Übermensch, "Super-Homem" ou "Além-do-Homem", em sua obra "Assim Falou Zaratustra." Mas antes que você imagine um herói com capa vermelha voando por aí, é importante entender o que Nietzsche realmente quis dizer. O Übermensch não é um super-herói no sentido tradicional, mas sim um ideal de ser humano que transcende as limitações impostas pela sociedade e pela moralidade convencional (de escravos) - transvaloração de valores. É alguém que cria seus próprios valores e significado de vida, está constantemente se superando e vive de acordo com sua própria vontade de poder, em oposição aos valores herdados da sociedade.

Para Nietzsche, o Übermensch é aquele que abraça a vida em sua totalidade, aceita os desafios e as dificuldades como oportunidades de crescimento e se torna um criador de significado em um mundo que ele vê como inerentemente sem sentido. Em outras palavras, o Übermensch é o arquétipo da autossuperação e da autoafirmação.

Aplicação Prática: Como Ser Um "Super-Homem" Na Vida Cotidiana

Você não precisa ser um filósofo famoso para aplicar os princípios do Übermensch em sua vida. Aqui estão algumas maneiras práticas de ser um "Super-Homem" no dia a dia:

1. Na academia:

Exemplo: Em vez de seguir cegamente o plano de treino que alguém lhe deu, crie um regime de exercícios que funcione melhor para você, desafiando-se constantemente a superar seus próprios limites.

Desafio: Defina metas pessoais que realmente importam para você e não apenas para impressionar os outros. Supere seu próprio recorde, não o dos outros.

2. No trabalho:

Exemplo: Em vez de seguir todas as regras e regulamentos sem questionar, encontre maneiras inovadoras de melhorar processos e trazer mais valor para o seu trabalho.

Desafio: Proponha novas ideias, mesmo que sejam ousadas, e esteja disposto a assumir riscos calculados.

Seja o líder que inspira mudanças positivas.

3. Em relacionamentos:

Exemplo: Em vez de se conformar com expectativas sociais sobre como um relacionamento deve ser, crie uma parceria baseada em seus próprios valores e necessidades.

Desafio: Comunique-se aberta e honestamente com seu parceiro(a) sobre o que realmente importa para você. Trabalhem juntos para criar uma relação única e significativa.

Humor: Paródias E Guias Práticos Como "Super-Homem Na Padaria" E "Nietzsche No Tinder"

Para tornar isso mais divertido, vamos imaginar algumas situações humorísticas onde podemos aplicar os princípios do Übermensch.

Super-Homem na padaria:

Cena: Você está na padaria, diante de uma enorme variedade de pães.

Cliente Normal: "Vou levar o pão de sempre. Não quero complicar."

Você, como Übermensch: "Hoje vou experimentar

algo novo! Vou levar aquele pão com passas, nozes e um toque de alecrim. Afinal, quem disse que devo me conformar com o comum?"

Nietzsche aparece: "Bravo! O verdadeiro Übermensch é aquele que não tem medo de experimentar novos sabores da vida. Aproveite cada mordida como se fosse a primeira!"

Nietzsche no Tinder:

Cena: Você está criando seu perfil no Tinder.

Perfil normal: "Gosto de viajar, filmes e jantar fora".

Seu perfil, como Übermensch: "Explorador da vida, criador de novos valores e amante da autenticidade. Vamos juntos superar as limitações e criar uma nova forma de amar!"

Conversa:

Pessoa interessada: "Oi! O que você procura em um relacionamento?"

Você, como Übermensch: "Procuro alguém que, como eu, não tenha medo de questionar o status quo e que esteja disposto a criar uma vida plena e significativa ao meu lado. Pronto para a aventura?"

Rindo Da Autossuperação: Uma Nova Perspectiva

O humor nos ajuda a ver a ambição e a autossuperação de uma maneira mais leve. Ser um Übermensch não significa levar a vida extremamente a sério, mas sim encontrar um equilíbrio entre perseguir nossos objetivos e aproveitar o processo. Nietzsche nos encoraja a ser criadores de nossos próprios destinos, e um pouco de humor pode nos ajudar a manter a perspectiva correta.

Portanto, na próxima vez que você enfrentar uma escolha ou um desafio, pergunte-se: "Estou agindo como um Übermensch?" E se puder, ria da situação. Porque, afinal, a vida é sobre crescimento e transformação, e um sorriso pode ser o primeiro passo para se tornar o herói de sua própria história.

CAPÍTULO 5 - DEUS ESTÁ MORTO: E AGORA?

A Morte De Deus: O Impacto Na Moralidade E Nos Valores

Uma das declarações mais famosas de Friedrich Nietzsche é "Deus está morto". Mas antes de correr para a igreja ou atear fogo neste livro, vamos entender o que ele quis dizer com isso. Quando Nietzsche proclamou a morte de Deus, ele não estava apenas sendo provocador, muito menos celebrando o ateísmo; estava falando sobre o declínio da influência das crenças religiosas tradicionais (e suas normas morais) na sociedade ocidental.

Nietzsche observou que a ciência, a razão e a modernidade estavam substituindo a fé e a religião como as principais fontes de sentido e moralidade. A "morte de Deus" simboliza o colapso dos valores absolutos que foram sustentados pela religião. Sem Deus, Nietzsche argumentou, a humanidade se vê diante de um vazio moral e existencial (crise). Isso significa que precisamos criar nossos próprios valores e encontrar novos significados para nossas vidas. Pense nisso como uma oportunidade de reescrever as regras do jogo.

Aplicação Prática: Navegando A Vida Sem Verdades Absolutas

Então, como navegamos a vida sem verdades absolutas? Vamos explorar algumas estratégias práticas para lidar com a ausência de um conjunto fixo de valores e encontrar nosso próprio caminho.

1. Desenvolva seus próprios valores:

Exemplo: Em vez de aceitar cegamente os valores impostos por sua família ou sociedade, reflita sobre o que realmente importa para você.

Desafio: Crie uma lista de seus valores pessoais e tente viver de acordo com eles. Isso pode incluir integridade, curiosidade, compaixão ou qualquer outro valor que você considere essencial.

2. Abrace a ambiguidade:

Exemplo: Aceite que a vida não é preto no branco. Em muitas situações, não há uma resposta clara ou correta.

Desafio: Pratique a tolerância à ambiguidade. Quando confrontado com decisões difíceis, permita-se explorar diferentes perspectivas antes de tomar uma decisão.

3. Crie significado nas pequenas coisas:

Exemplo: Encontre significado nas atividades diárias, como cozinhar, caminhar ou conversar com amigos.

Desafio: Faça um diário de gratidão, anotando as pequenas coisas que trazem alegria e sentido à sua vida.

Humor: "Nietzsche Em Um Culto Religioso Moderno" E "Conselhos Ateístas De Nietzsche Para Crianças"

Vamos adicionar um toque de humor imaginando Nietzsche em algumas situações modernas.

Nietzsche em um culto religioso moderno:

Cena: Nietzsche visita uma igreja moderna com música alta, luzes de palco e um pastor carismático.

Pastor: "Irmãos e irmãs, hoje vamos falar sobre a importância da fé em Deus!"

Nietzsche (sussurrando para o vizinho): "Interessante. Mas e se eu dissesse que Deus está morto e que nós somos os responsáveis por encontrar nosso próprio caminho? Agora, onde está o café dessa festa?"

Conselhos ateístas de Nietzsche para crianças:

Cena: Uma sala de aula do ensino fundamental. Nietzsche está como palestrante convidado.

Professora: "Crianças, hoje temos um convidado especial, o Sr. Nietzsche, que vai falar sobre valores."

Nietzsche: "Bom dia, pequenos filósofos! Hoje, vou lhes ensinar a criar seus próprios valores. Não acreditem cegamente no que dizem. Perguntem, explorem e descubram o que realmente importa para vocês. E lembrem-se, a vida é muito mais divertida quando você é o autor da sua própria história."

Criança: "Mas e se eu não souber o que importa para mim?"

Nietzsche: "Ah, essa é a beleza da vida! É um processo de descoberta contínua. Experimente, erre, ria de si mesmo e continue explorando. A jornada é o que realmente importa."

Rindo Da Incerteza: Uma Nova Perspectiva

O humor nos ajuda a lidar com a incerteza e a falta de valores absolutos. Nietzsche nos encoraja a ser criadores de nosso próprio destino, e um pouco de humor pode nos ajudar a abraçar essa liberdade com alegria e leveza.

Portanto, da próxima vez que você se sentir perdido

ou sem direção, pergunte-se: "O que Nietzsche faria?" E se puder, ria da situação. Porque, afinal, a vida é uma grande aventura sem roteiro, e um sorriso pode ser o primeiro passo para encontrar seu próprio caminho.

CAPÍTULO 6 - A VONTADE DE PODER: O MANUAL DE AUTOAJUDA NIETZSCHIANO

A Vontade De Poder: A Força Motriz Da Vida

Para Friedrich Nietzsche, a vontade de poder é a força motriz fundamental por trás de todas as ações humanas (o impulso fundamental da vida não é a busca pela sobrevivência ou reprodução, como em Darwinismo). Não se trata apenas de um desejo de dominar os outros, mas de superar a si mesmo, de expandir, de se afirmar e de criar novos valores. A vontade de poder é sobre transformar sonhos em realidade e usar nossa energia interna para moldar o mundo de acordo com nossos próprios termos.

Nietzsche viu a vontade de poder como uma expressão de vitalidade e criatividade, uma forma de afirmar a vida mesmo diante de suas dificuldades. Ele acreditava que, ao abraçar essa força, podemos viver de maneira mais autêntica e plena. Este conceito é aplicável tanto a indivíduos quanto a sociedades.

Aplicação Prática: Usando A Vontade De Poder Para Alcançar Objetivos Pessoais E Profissionais

Vamos explorar como podemos aplicar a vontade de poder de Nietzsche em nossas vidas diárias para alcançar objetivos pessoais e profissionais.

1. Defina metas ambiciosas:

Exemplo: Em vez de se contentar com metas fáceis e seguras, desafie-se a alcançar algo que realmente importe para você, seja aprender uma nova habilidade, mudar de carreira ou correr uma maratona.

Desafio: Estabeleça metas que pareçam assustadoras e emocionantes. O medo pode ser um indicador de que você está fora da sua zona de conforto e no caminho certo para o crescimento.

2. Supere obstáculos com criatividade:

Exemplo: Quando encontrar um obstáculo, veja-o como uma oportunidade para exercitar sua criatividade e resiliência.

Desafio: Encontre pelo menos três soluções possíveis para cada problema que enfrentar. Isso não só resolve o problema, mas também expande sua capacidade de pensamento criativo.

3. Afirme sua individualidade:

Exemplo: Em vez de seguir as expectativas dos outros, viva de acordo com seus próprios valores e paixões.

Desafio: Faça uma lista das coisas que são verdadeiramente importantes para você e revise-a regularmente para garantir que suas ações estejam alinhadas com seus valores.

Humor: "Como Negociar Um Aumento Com A Vontade De Poder" E "A Vontade De Poder No Supermercado"

Vamos adicionar um pouco de humor para ilustrar como a vontade de poder pode ser aplicada em situações cotidianas.

Como negociar um aumento com a vontade de poder:

Cena: Você está no escritório do seu chefe, pronto para negociar um aumento.

Você: "Chefe, gostaria de conversar sobre um aumento. Tenho trabalhado duro e acredito que mereço uma compensação melhor."

Chefe: "Bem, estamos passando por tempos difíceis.

Talvez no próximo ano."

Você, canalizando sua vontade de poder: "Entendo os desafios, mas vamos ser honestos. Meu desempenho aumentou significativamente a produtividade da equipe. Mereço ser recompensado. Se não agora, então quando?"

Chefe (impressionado com sua determinação): "Ok, vamos ver o que podemos fazer. Vamos discutir os detalhes na próxima reunião."

A vontade de poder no supermercado:

Cena: Você está no supermercado, enfrentando uma fila enorme.

Você, como Übermensch: "Essa fila é uma oportunidade para exercitar minha paciência e criatividade."

Pessoa impaciente atrás de você: "Isso é um absurdo! Por que não há mais caixas abertas?"

Você, sorrindo: "Sabia que essa é a chance perfeita para planejar meu próximo projeto ou ler alguns artigos no celular? A vida é o que fazemos dela, até mesmo no supermercado."

Rindo Da Ambição: Uma Nova Perspectiva

O humor nos ajuda a ver a ambição e a busca pelo poder de uma maneira mais leve e saudável. A vontade de poder de Nietzsche não precisa ser algo sombrio ou opressor. Pelo contrário, pode ser uma força alegre e inspiradora que nos impulsiona a ser a melhor versão de nós mesmos.

Portanto, da próxima vez que você enfrentar um desafio ou buscar algo grande, pergunte-se: "Estou exercendo minha vontade de poder?" E se puder, ria da situação. Porque, afinal, a vida é uma grande aventura, e um sorriso pode ser o primeiro passo para conquistar seus sonhos.

CAPÍTULO 7 - O ETERNO RETORNO: A COMÉDIA DA REPETIÇÃO

O Eterno Retorno: Vivendo A Mesma Vida Repetidamente

Um dos conceitos mais intrigantes e desafiadores de Friedrich Nietzsche é o "eterno retorno". Em essência, o eterno retorno é a ideia de que a vida, tal como a vivemos agora, se repetirá infinitamente. Cada alegria, cada dor, cada decisão - tudo será vivido novamente, inúmeras vezes, da mesma maneira.

Essa ideia não é apenas um exercício mental, mas um teste existencial. Nietzsche propõe que, se conseguirmos abraçar a vida de tal forma que estaríamos dispostos a viver cada momento repetidamente, estaremos vivendo de maneira autêntica e afirmativa. Ou seja, se você vive de uma maneira que desejaria viver repetidamente, então você está vivendo de forma autêntica.

A pergunta é: como podemos viver de modo que cada momento seja digno de ser repetido eternamente? Faça cada momento valer a pena.

Aplicação Prática: Viver De Forma Que Cada Momento Seja Digno De Ser Repetido Eternamente

Vamos explorar como podemos aplicar:

1. Tomar decisões conscientes:

Exemplo: Em vez de agir impulsivamente ou seguir a corrente, tome decisões que realmente reflitam seus valores e desejos.

Desafio: Antes de tomar uma decisão importante, pergunte-se: "Eu ficaria feliz em tomar essa mesma decisão repetidamente para sempre?" Se a resposta for não, talvez seja hora de reconsiderar.

2. Aproveitar os pequenos momentos:

Exemplo: Em vez de esperar grandes eventos para sentir felicidade, encontre alegria nas pequenas coisas, como uma xícara de café, uma conversa com um amigo ou uma caminhada no parque.

Desafio: Cultive a gratidão. Todos os dias, anote três coisas pelas quais você é grato. Isso ajuda a focar nos aspectos positivos da vida, mesmo que pequenos.

3. Abraçar os desafios:

Exemplo: Em vez de evitar dificuldades, veja-as como oportunidades de crescimento e aprendizado.

Desafio: Quando enfrentar um desafio, pergunte-se: "Como posso transformar isso em uma experiência de aprendizado e crescimento?" Abraçar os desafios com uma mentalidade positiva pode transformar a maneira como você vive.

Humor: "Sobrevivendo Ao Eterno Retorno De Reuniões Chatas", O "O Eterno Retorno Das Segundas-Feiras" E "O Eterno Retorno Dos Boletos"

Para adicionar um toque de humor, vamos imaginar como o eterno retorno se aplica a situações cotidianas.

Sobrevivendo ao eterno retorno de reuniões chatas:

Cena: Reunião semanal no escritório, onde os mesmos pontos são discutidos repetidamente.

Colega desanimado: "Não acredito que estamos discutindo isso de novo. É como se fosse um eterno retorno de reuniões chatas."

Você, canalizando Nietzsche: "Ah, mas e se aceitarmos o desafio de tornar cada reunião mais interessante? Que tal começarmos com uma piada? Ou talvez adicionar um toque criativo à apresentação?"

Chefe (intrigado): "Interessante... Vamos tentar algo novo hoje. Quem quer começar com uma piada?"

O eterno retorno das segundas-feiras:

Cena: Segunda-feira de manhã, e você se sente preso na rotina.

Você, olhando no espelho: "Ah, a eterna repetição das segundas-feiras. Talvez Nietzsche estivesse certo sobre o eterno retorno."

Seu reflexo (imaginário): "Mas, e se tornássemos cada segunda-feira única? Talvez um café diferente, uma nova rota para o trabalho, ou até mesmo um desafio pessoal para começar a semana."

O Eterno Retorno Dos Boletos

Imagine Nietzsche, depois de refletir sobre o conceito do eterno retorno, confrontando um dos maiores dilemas modernos: os boletos. Todo mês, sem falhar, lá estão eles, prontos para serem pagos, como um ciclo infinito que parece nunca ter fim. Nietzsche poderia muito bem dizer: - "Assim como o eterno retorno nos convida a viver cada momento de nossa vida de forma que estaríamos dispostos a repeti-lo infinitamente, os boletos nos lembram de que, na verdade, algumas coisas estão condenadas a retornar, independentemente da nossa vontade."

Ele talvez ainda comentasse, com uma pitada de ironia, que os boletos são a prova definitiva de que certos aspectos da vida moderna estão destinados a se repetir para sempre, independentemente de quão elevado seja o nosso espírito. "Quer você os pague com resignação ou com revolta," Nietzsche poderia dizer, "o fato é que os boletos sempre voltam. O verdadeiro Übermensch é aquele que enfrenta o eterno retorno dos boletos com dignidade, sabendo que, no próximo mês, eles estarão de volta, prontos para desafiar novamente sua vontade de poder."

Rindo Da Repetição: Uma Nova Perspectiva

O humor nos ajuda a lidar com a repetição e a encontrar maneiras de tornar cada momento especial. O eterno retorno de Nietzsche não precisa ser uma sentença de tédio, mas uma oportunidade de viver de forma plena e significativa.

Portanto, da próxima vez que você enfrentar uma rotina ou uma situação repetitiva, pergunte-se: "Estou vivendo de uma maneira que gostaria de repetir eternamente?" E se puder, ria da situação. Porque, afinal, a vida é uma série de momentos repetidos, e um sorriso pode tornar cada um deles mais especial.

CAPÍTULO 8 - AMOR FATI: AMAR O DESTINO COM UM SORRISO

Amor Fati: Abraçar O Destino Com Amor

Friedrich Nietzsche introduziu a ideia de "amor fati" (amor ao destino) como um princípio central em sua filosofia. Para Nietzsche, amor fati significa aceitar a vida em sua totalidade, incluindo suas dificuldades e sofrimentos — os altos e baixos, as alegrias e as tristezas, os sucessos e os fracassos — e amar tudo isso como parte do nosso destino. É um convite para aceitar e amar a vida como ela é, sem desejar que fosse diferente.

Em vez de lutar contra o que não podemos mudar, Nietzsche nos desafia a abraçar nosso destino com amor e a ver cada experiência como essencial para o nosso crescimento e desenvolvimento.

Mas como podemos aplicar esse conceito poderoso e, às vezes, desafiador em nossa vida cotidiana? Vamos explorar algumas maneiras práticas de cultivar o amor fati e encontrar alegria nas circunstâncias da vida, mesmo quando as coisas não saem como planejado. Afinal, quem disse que a vida seria fácil?

Aplicação Prática: Aceitar E Encontrar

Alegria Nas Circunstâncias Da Vida

1. Aceitar o inesperado:

Exemplo: Quando as coisas não saírem como planejado, em vez de se frustrar, pergunte-se: "O que posso aprender com isso?"

Desafio: Pratique a aceitação radical. Tente encontrar algo positivo em cada situação inesperada. Isso pode ser um novo aprendizado, uma oportunidade de crescimento ou simplesmente uma história engraçada para contar depois.

2. Transformar obstáculos em oportunidades:

Exemplo: Em vez de ver os desafios como barreiras, veja-os como oportunidades de crescimento e desenvolvimento.

Desafio: Sempre que encontrar um obstáculo, faça uma lista de pelo menos três maneiras pelas quais ele pode beneficiar você a longo prazo. Isso ajuda a mudar a perspectiva e a encontrar valor nas dificuldades.

3. Praticar a gratidão diária:

Exemplo: Cultivar a gratidão pelas pequenas coisas da vida pode transformar sua visão do mundo.

Desafio: Mantenha um diário de gratidão. Todos os dias, anote pelo menos três coisas pelas quais você é grato, mesmo que sejam pequenas. Isso ajuda a focar nas coisas boas e a cultivar uma mentalidade positiva.

Humor: "Amar Fati Mesmo Quando O Trânsito Está Parado" E "Aceitar O Destino De Segunda-Feira De Manhã"

Vamos adicionar um toque de humor imaginando como podemos aplicar o amor fati em situações cotidianas.

Amor fati mesmo quando o trânsito está parado:

Cena: Você está preso no trânsito, atrasado para uma reunião importante.

Você, resmungando: "Por que isso sempre acontece comigo? Que droga de trânsito!"

Você, lembrando do amor fati: "Espera, talvez isso seja uma oportunidade para praticar o amor fati. Vou aproveitar esse tempo para ouvir aquele podcast interessante ou ligar para um amigo que não falo há tempos."

Pessoa no carro ao lado (notando seu sorriso): "Você parece estar se divertindo, mesmo preso no trânsito. Qual é o segredo?"

Você: "Ah, apenas praticando o amor fati. Aceitando o que não posso mudar e encontrando algo positivo nisso!"

Aceitar o destino de segunda-feira de manhã:

Cena: Segunda-feira de manhã, e você está com aquela sensação clássica de início de semana.

Você, desanimado: "Mais uma segunda-feira. Que saco!"

Você, lembrando do amor fati: "Mas, espera! Segunda-feira significa um novo começo. O que posso fazer de diferente hoje para torná-la especial?"

Seu Reflexo no Espelho (imaginário): "Talvez experimentar um novo café da manhã, planejar algo divertido para depois do trabalho ou simplesmente sorrir mais."

Rindo Do Destino: Uma Nova Perspectiva

O humor nos ajuda a lidar com o destino e a encontrar maneiras de transformar até mesmo as situações mais frustrantes em oportunidades de crescimento e alegria. O amor fati de Nietzsche não precisa ser algo sombrio ou resignado. Pelo contrário, pode ser uma maneira alegre e inspiradora de viver plenamente e abraçar cada momento da vida.

Portanto, da próxima vez que você enfrentar um desafio ou uma situação inesperada, pergunte-se: "Estou praticando o amor fati?" E se puder, ria da situação. Porque, afinal, a vida é cheia de surpresas, e um sorriso pode tornar cada momento mais significativo e especial.

CAPÍTULO 9 - RESSENTIMENTO: RINDO DA RAIVA

Ressentimento: A Raiz Da Moralidade Dos Escravos

Friedrich Nietzsche via o ressentimento como uma das forças mais destrutivas na vida humana. Em sua obra "Genealogia da Moral", que trata sobre a origem e o desenvolvimento dos valores morais, Nietzsche argumenta que a moralidade não é universal ou eterna, mas sim uma construção histórica que reflete relações de poder e ressentimento. Ele descreve o ressentimento como a base da moralidade dos escravos — um estado psicológico em que a frustração e a impotência levam à criação de valores que negam a vida e a força. Em vez de enfrentar seus problemas e buscar soluções, as pessoas ressentidas culpam os outros e a sociedade por seus infortúnios, criando uma moralidade que glorifica a fraqueza e a submissão como virtude.

Nietzsche acreditava que o ressentimento impede o crescimento pessoal e a realização. Para ele, superar o ressentimento é essencial para viver uma vida autêntica e plena. Mas como podemos reconhecer e superar o ressentimento em nossas próprias vidas?

Aplicação Prática: Superando O Ressentimento E Cultivando A Gratidão

Vamos explorar algumas estratégias práticas para identificar e superar o ressentimento, substituindo-o por gratidão e crescimento.

1. Reconheça o ressentimento:

Exemplo: Note quando você se sente injustiçado ou quando culpa os outros por seus problemas.

Desafio: Mantenha um diário onde você registra momentos de ressentimento. Identificar padrões pode ajudá-lo a entender as raízes desses sentimentos.

2. Pratique a autocompaixão:

Exemplo: Em vez de se criticar por sentir ressentimento, trate-se com a mesma gentileza que você ofereceria a um amigo.

Desafio: Sempre que sentir ressentimento, pare e respire fundo. Diga a si mesmo: "É normal sentir isso, mas eu posso escolher como reagir."

3. Transforme o ressentimento em ação positiva:

Exemplo: Use a energia do ressentimento para motivar mudanças positivas em sua vida.

Desafio: Identifique uma área em sua vida onde você sente ressentimento e crie um plano de ação para melhorar essa situação. Transforme a raiva em combustível para o crescimento.

Humor: "Conselhos De Nietzsche Para Deixar De Guardar Rancor" E "Ressentimento Na Fila Do Banco"

Vamos adicionar um toque de humor para ilustrar como podemos lidar com o ressentimento em situações cotidianas.

Conselhos de Nietzsche para deixar de guardar rancor:

Cena: Você está conversando com um amigo que guarda rancor por uma ofensa antiga.

Amigo: "Eu nunca vou perdoar o que ele fez. Toda vez que penso nisso, fico com raiva."

Você, canalizando Nietzsche: "Sabe, Nietzsche diria que guardar ressentimento é como tomar veneno e esperar que o outro morra. Que tal transformar essa raiva em algo produtivo? Talvez um novo hobby ou um projeto interessante?"

Amigo (rindo): "Você tem razão. Acho que é hora de deixar isso para trás e fazer algo mais construtivo com meu tempo."

Ressentimento na fila do banco:

Cena: Você está na fila do banco, e ela está se movendo a passos de tartaruga.

Você, resmungando: "Por que sempre fico na fila mais lenta? Isso é um absurdo!"

Você, lembrando do humor e de Nietzsche: "Espera, talvez essa seja a oportunidade perfeita para praticar a superação do ressentimento. E quem sabe, até encontrar algo engraçado nisso."

Pessoa na frente (notando seu sorriso): "Você parece estar se divertindo, mesmo com essa fila. Qual é o segredo?"

Você: "Ah, apenas praticando a filosofia de Nietzsche e rindo da situação. A vida é muito curta para guardar rancor, até mesmo na fila do banco."

Rindo Da Raiva: Uma Nova Perspectiva

O humor nos ajuda a lidar com o ressentimento e a transformar situações frustrantes em oportunidades de crescimento. Nietzsche nos encoraja a abandonar a moralidade dos escravos e a criar nossos próprios valores, baseados na força e na autenticidade. Superar o ressentimento é um passo crucial nessa jornada.

Portanto, da próxima vez que você sentir raiva ou frustração, pergunte-se: "Estou deixando o ressentimento controlar minha vida?" E se puder, ria da situação. Porque, afinal, a vida é cheia de desafios, e um sorriso pode ser o primeiro passo para transformar a raiva em crescimento.

CAPÍTULO 10 - PERSPECTIVISMO: DOIS LADOS (OU +)

Perspectivismo: Não Existem Verdades Absolutas, Apenas Interpretações

Friedrich Nietzsche foi um dos primeiros filósofos a desafiar a ideia de verdades absolutas. Ele introduziu o conceito de "perspectivismo", que sugere que todas as verdades são uma questão de perspectiva. Em outras palavras, o que consideramos verdade é sempre influenciado por nossas experiências, interpretações, cultura, emoções e pontos de vista individuais. Para Nietzsche, a realidade é composta de múltiplas interpretações e nenhuma delas é definitiva.

Essa visão pode ser libertadora. Ao reconhecer que nossas crenças são apenas uma perspectiva entre muitas, podemos nos tornar mais abertos, flexíveis e compreensivos em relação às opiniões dos outros. Sua verdade pode ser diferente da verdade do seu vizinho, e tudo bem. Em um mundo onde conflitos de opinião são comuns, adotar o perspectivismo pode nos ajudar a viver de forma mais harmoniosa e empática.

Aplicação Prática: Adotar Uma Visão Aberta E Flexível Diante De Diferentes Opiniões E Perspectivas

Vamos explorar algumas estratégias práticas para cultivar o perspectivismo e lidar com as diferentes visões de mundo de maneira construtiva e respeitosa.

1. Escute ativamente:

Exemplo: Em vez de interromper ou argumentar, tente realmente ouvir o que a outra pessoa está dizendo.

Desafio: Pratique a escuta ativa em suas conversas diárias. Repita o que a outra pessoa disse com suas próprias palavras para garantir que você entendeu corretamente antes de responder.

2. Reconheça suas próprias perspectivas:

Exemplo: Esteja ciente de que sua visão de mundo é moldada por suas experiências e preconceitos.

Desafio: Sempre que tiver uma reação forte a algo, pergunte-se: "De onde vem essa reação? Como minhas experiências influenciam minha perspectiva?"

3. Adote a curiosidade:

Exemplo: Em vez de julgar ou rejeitar opiniões

diferentes, adote uma postura curiosa.

Desafio: Pergunte mais e julgue menos. Faça perguntas abertas como "Por que você pensa assim?" ou "O que te levou a essa conclusão?"

Humor: "Discussões Filosóficas Em Jantares De Família" E "Nietzsche No Debate Político"

Vamos adicionar um toque de humor para ilustrar como o perspectivismo pode ser aplicado em situações cotidianas.

Discussões filosóficas em jantares de família:

Cena: Jantar de família, e uma discussão acalorada sobre política começa.

Tio argumentativo: "Eu digo que minha visão é a única correta! E ponto final!"

Você, canalizando Nietzsche: "Interessante, tio. Mas já pensou que sua verdade pode ser apenas uma das muitas perspectivas? Vamos ouvir o que cada um tem a dizer e ver o que podemos aprender."

Tia curiosa: "Gostei dessa ideia! Vamos praticar a escuta ativa. Quem sabe não descobrimos algo novo?"

Debate político com Nietzsche:

Cena: Debate político na TV, com candidatos

defendendo posições opostas.

Candidato 1: "Minha proposta é a única solução viável!"

Candidato 2: "Absolutamente não! Só o meu plano vai funcionar!"

Você, assistindo e canalizando Nietzsche: "E se ambos estivessem parcialmente certos? Talvez devêssemos considerar múltiplas perspectivas para encontrar uma solução mais completa."

Amigo ao lado (rindo): "Boa sorte explicando isso para eles! Mas é uma boa abordagem para a vida."

Rindo Das Diferenças: Uma Nova Perspectiva

O humor nos ajuda a lidar com as diferenças de perspectiva e a encontrar maneiras de se conectar com os outros, mesmo quando não concordamos. O perspectivismo de Nietzsche nos encoraja a ver a verdade como algo multifacetado e dinâmico, e um pouco de humor pode nos ajudar a abraçar essa complexidade com graça.

Portanto, da próxima vez que você se encontrar em um conflito de opiniões, pergunte-se: "Estou considerando outras perspectivas?" E se puder, ria da situação. Porque, afinal, a vida é cheia de interpretações, e um sorriso pode tornar a exploração de diferentes pontos de vista muito mais enriquecedora.

CAPÍTULO 11 - A CRÍTICA À METAFÍSICA: DEUS, ALMA E MUNDO

A Crítica À Metafísica: Desconstruindo Conceitos De Deus, Alma E Mundo

Friedrich Nietzsche foi um dos críticos mais severos da tradição metafísica ocidental. Ele rejeitou noções antigas e profundas sobre Deus, alma e mundo como entidades fixas e imutáveis, argumentando que essas ideias nos afastam da realidade e nos impedem de viver plenamente.

Para Nietzsche, conceitos como Deus e a alma foram criados para nos confortar em face da incerteza e da mortalidade, mas acabaram por nos aprisionar em sistemas de pensamento que negam a vida. Ele propôs uma filosofia que abraça a impermanência e a mudança, nos desafiando a criar nosso próprio significado e valores em vez de depender de verdades transcendentes.

Aplicação Prática: Questionando E Revisando Nossas Crenças Fundamentais

Vamos explorar como a crítica de Nietzsche à metafísica pode nos ajudar a questionar e revisar nossas crenças fundamentais:

1. Questionando a existência de Deus:

Exemplo: Reflita sobre suas crenças religiosas e espirituais. Elas realmente ressoam com suas experiências e valores pessoais?

Desafio: Leia obras de diferentes tradições filosóficas e espirituais para expandir sua perspectiva e encontrar um caminho que faça sentido para você.

Humor: "Nietzsche e Deus numa Sala de Meditação: Quem Sai Primeiro?"

2. Repensando a noção de alma:

Exemplo: Em vez de ver a alma como uma entidade imutável, considere-a como um processo em constante evolução.

Desafio: Pratique atividades que promovam o crescimento pessoal e espiritual, como meditação, arte ou voluntariado.

Humor: "Nietzsche e a Alma em Terapia: Uma Sessão

de Autoexploração"

3. Reavaliando a realidade:

Exemplo: Considere que nossa percepção do mundo é moldada por nossas experiências e contextos.

Desafio: Experimente ver o mundo de diferentes perspectivas, seja viajando, aprendendo uma nova língua ou estudando diferentes culturas.

Humor: "Nietzsche e Platão numa Mesa de Bar: Uma Discussão Sobre a Realidade"

Humor: "Nietzsche E Platão Numa Mesa De Bar: Uma Discussão Sobre A Realidade"

Vamos adicionar um toque de humor imaginando Nietzsche e Platão discutindo sobre a realidade em um bar moderno.

Platão: "Meu caro Nietzsche, a verdadeira realidade está no mundo das ideias, além do que percebemos."

Nietzsche: "Platão, isso é um ótimo discurso para um bar, mas e se a verdadeira realidade estiver bem aqui, no agora, com todas as suas imperfeições e beleza? Aliás, quem vai pagar a próxima rodada?"

Platão: "Se é para discutir ideias e beber, acho que podemos dividir a conta. Mas ainda acredito que as sombras na caverna são apenas o começo."

Nietzsche: "Apenas se as sombras fizerem um bom jogo de sombras chinesas. Vamos brindar ao aqui e agora!"

Rindo Das Questões Fundamentais: Uma Nova Perspectiva

O humor nos ajuda a lidar com questões fundamentais de uma maneira leve e reflexiva. A crítica de Nietzsche à metafísica nos encoraja a questionar as bases de nossas crenças e a abraçar a vida em toda a sua complexidade e incerteza.

Portanto, da próxima vez que você se pegar refletindo sobre questões existenciais profundas, pergunte-se: "Estou me afastando da realidade ou abraçando-a plenamente?" E se puder, ria da situação. Porque, afinal, a vida é uma grande aventura filosófica, e um sorriso pode tornar a jornada mais prazerosa.

CAPÍTULO 12 - O CONCEITO DE NIILISMO: O VAZIO DE VALORES

Niilismo: A Sensação De Que A Vida Não Tem Sentido

Friedrich Nietzsche é frequentemente associado ao conceito de niilismo, a ideia de que a vida não tem sentido ou valor intrínseco. Ele acreditava que o niilismo era uma consequência inevitável da "morte de Deus" e do colapso das verdades absolutas que haviam sustentado a moralidade e o sentido na vida ocidental.

Nietzsche viu o niilismo como uma crise que poderia paralisar as pessoas, deixando-as sem direção e desesperançadas. No entanto, ele também via o niilismo como uma oportunidade — uma chance de reavaliar e reconstruir nossos valores a partir do zero, criando um sentido próprio em vez de depender de estruturas externas que já não são válidas. Embora perigoso, é uma etapa necessária na evolução espiritual da humanidade.

Aplicação Prática: Superando O Niilismo E Criando Significado

Vamos explorar como podemos superar o niilismo e

criar um sentido próprio em nossas vidas:

1. Aceitar a ausência de sentido intrínseco:

Exemplo: Em vez de se desesperar pela falta de sentido universal, veja isso como uma oportunidade para definir seu próprio propósito.

Desafio: Escreva uma lista de coisas que você valoriza e que trazem significado para sua vida. Concentre-se em viver de acordo com esses valores.

Humor: "Nietzsche e a Crise Existencial do Millennial: Encontrando Propósito entre Memes e Hashtags"

2. Criar e viver seus próprios valores:

Exemplo: Em vez de seguir os valores tradicionais sem questionamento, reflita sobre o que realmente importa para você e viva de acordo com esses princípios.

Desafio: Crie um manifesto pessoal que descreva seus valores e objetivos de vida. Revise-o periodicamente para garantir que você está no caminho certo.

Humor: "Nietzsche na Sala de Reuniões: Propondo um Manifesto Pessoal em PowerPoint"

3. Abraçar a incerteza:

Exemplo: Em vez de temer a incerteza, veja-a como uma parte natural e excitante da vida.

Desafio: Enfrente uma situação incerta com coragem e abertura. Pode ser uma mudança de carreira, uma viagem espontânea ou iniciar um novo hobby.

Humor: "Nietzsche e a Aventura do Desconhecido: Explorando Novos Horizontes sem GPS"

Humor: "Nietzsche E A Crise Existencial Do Millennial"

Vamos adicionar um toque de humor imaginando Nietzsche ajudando um millennial a encontrar propósito na vida moderna.

Millennial: "Sr. Nietzsche, estou perdido. Entre os memes, as redes sociais e as crises existenciais, como encontro propósito na vida?"

Nietzsche: "Ah, meu jovem, a vida não vem com um manual de instruções. Mas isso é o que a torna tão maravilhosa. Crie seu próprio propósito! E se puder, ria das incertezas pelo caminho."

Millennial: "Então, posso começar um blog sobre minhas crises existenciais e transformá-las em memes?"

Nietzsche: "Claro! E chame-o de 'Superando o Niilismo com Humor'. A criação é o primeiro passo para encontrar significado"

Rindo Do Vazio Existencial:
Uma Nova Perspectiva

O humor nos ajuda a enfrentar a incerteza e a falta de sentido com leveza e criatividade. Nietzsche nos desafia a abraçar o niilismo como uma oportunidade de criar nossos próprios valores e propósitos. Superar o niilismo não significa encontrar um sentido pré-existente, mas sim construir um sentido que seja autêntico e significativo para nós.

Portanto, da próxima vez que você se sentir perdido ou sem propósito, pergunte-se: "Como posso criar meu próprio significado nesta situação?" E se puder, ria da incerteza. Porque, afinal, a vida é cheia de possibilidades, e um sorriso pode tornar a jornada de descoberta muito mais agradável.

CAPÍTULO 13 - A ARTE COMO TRANSFIGURAÇÃO DA VIDA

A Importância Da Arte Para Dar Sentido À Vida

Para Friedrich Nietzsche, a arte ocupava um lugar central na vida humana. Ele acreditava que a arte tem o poder de transfigurar a vida, dando sentido e beleza ao caos e à dor que frequentemente encontramos. Em suas obras, Nietzsche exaltava a capacidade da arte de elevar o espírito humano, proporcionando uma visão mais profunda e rica da existência.

Nietzsche via a arte não apenas como uma forma de entretenimento, mas como uma ferramenta essencial para a autoexpressão e a criação de significado. Através da arte, podemos transcender nossas limitações e nos conectar com algo maior que nós mesmos. A arte nos permite ver o mundo sob novas perspectivas e encontrar beleza mesmo nas circunstâncias mais desafiadoras.

Aplicação Prática: Incorporando A Arte No Dia A Dia

Vamos explorar como podemos incorporar a apreciação e a criação artística em nossas vidas diárias para encontrar significado e alegria:

1. Apreciando a arte:

Exemplo: Dedique tempo regularmente para apreciar diferentes formas de arte, como música, pintura, literatura ou teatro.

Desafio: Visite um museu, assista a uma peça de teatro ou ouça um álbum de música de um gênero que você não costuma ouvir. Experimente algo novo e abra sua mente para novas formas de expressão.

Humor: "Nietzsche no Museu de Arte Moderna: Uma Visão Filosófica das Exposições Contemporâneas"

2. Criando arte:

Exemplo: Encontre uma forma de arte que você goste e pratique-a regularmente, seja pintura, escrita, música ou qualquer outra forma de expressão criativa.

Desafio: Dedique um tempo semanal para sua atividade artística, mesmo que seja apenas por diversão.

Deixe a criatividade fluir sem julgamento.

Humor: "Nietzsche e a Noite de Pintura: A Arte de Desenhar Fora das Linhas"

3. Vendo a vida como uma obra de arte:

Exemplo: Adote a perspectiva de que sua vida é uma obra de arte em constante criação. Cada dia é uma nova oportunidade para criar algo belo e significativo.

Desafio: Faça um diário visual ou um álbum de fotos para documentar momentos especiais e encontrar beleza nas coisas simples do dia a dia.

Humor: "Nietzsche e a Vida como Performance: Transformando o Cotidiano em Arte"

Humor: "Nietzsche No Museu De Arte Moderna: Uma Visão Filosófica Das Exposições Contemporâneas"

Vamos adicionar um toque de humor imaginando Nietzsche visitando um museu de arte moderna.

Guia do museu: "Aqui temos uma peça abstrata que representa a luta interna do artista."

Nietzsche: "Interessante. E onde estão os biscoitos grátis? A arte deve alimentar tanto o corpo quanto a alma!"

Visitante: "Você não acha que é um pouco pretensioso, Nietzsche?"

Nietzsche: "A arte deve provocar, desafiar e inspirar. Se faz isso, então vale a pena cada pedacinho de biscoito."

Rindo Com A Arte: Uma Nova Perspectiva

O humor nos ajuda a apreciar a arte de uma maneira mais leve e acessível. A filosofia de Nietzsche nos encoraja a ver a arte como uma parte essencial da vida, uma fonte de significado e beleza que pode transformar nossa percepção do mundo.

Portanto, da próxima vez que você se encontrar diante de uma obra de arte ou com um pincel na mão, pergunte-se: "Como posso transfigurar minha experiência através da arte?" E se puder, ria do processo. Porque, afinal, a vida é uma tela em branco, e um sorriso pode ser o primeiro traço de uma obra-prima.

CAPÍTULO 14 - O ESPÍRITO LIVRE: AUTONOMIA E INDEPENDÊNCIA

Espírito Livre: A Importância Da Autonomia E Independência

Friedrich Nietzsche valorizava imensamente a ideia do "espírito livre" — indivíduos que se libertam das normas e convenções impostas pela sociedade para viver de acordo com seus próprios valores e princípios. Para Nietzsche, ser um espírito livre significa ter a coragem de questionar, de desafiar o status quo e de buscar a verdade por si mesmo, sem se prender às expectativas alheias.

O espírito livre é aquele que abraça a autonomia e a independência, não se contentando com respostas fáceis ou convenções sociais. Em vez disso, ele ou ela se esforça para criar um caminho próprio, vivendo autenticamente e plenamente.

Aplicação Prática: Desenvolvendo Um Espírito Livre No Mundo Moderno

Vamos explorar como podemos cultivar um espírito livre em nossas vidas diárias, promovendo autonomia e independência:

1. Questionando convenções sociais:

Exemplo: Não aceite as normas sociais sem reflexão. Questione por que certas regras existem e se elas realmente se aplicam a você.

Desafio: Identifique uma convenção social que você segue automaticamente e desafie-se a pensar criticamente sobre ela. Tente viver um dia ou uma semana sem seguir essa norma e veja como se sente.

Humor: "Nietzsche e o Espírito Livre no Escritório: Como Ser um Rebelde Corporativo"

2. Buscando a verdade pessoal:

Exemplo: Em vez de aceitar opiniões e crenças de outras pessoas, busque sua própria verdade através de reflexão e experiência pessoal.

Desafio: Dedique tempo regularmente para meditar ou escrever em um diário sobre suas crenças e valores. Pergunte-se se eles realmente refletem quem você é ou se foram impostos por outros.

Humor: "Nietzsche e o Diário do Espírito Livre: Revelações Profundas e Páginas Rabiscadas"

3. Viver autenticamente:

Exemplo: Tome decisões baseadas em seus próprios valores e desejos, não apenas para agradar os outros ou seguir expectativas externas.

Desafio: Identifique uma área da sua vida onde você sente que não está sendo autêntico e tome uma ação concreta para mudar isso.

Humor: "Nietzsche e a Reunião de Família: Como Sobreviver Autenticamente aos Conselhos da Tia Maricota"

Humor: "Nietzsche E O Espírito Livre No Escritório: Como Ser Um Rebelde Corporativo"

Vamos adicionar um toque de humor imaginando Nietzsche como um espírito livre em um ambiente de escritório moderno.

Chefe: "Precisamos seguir o protocolo estritamente. Nada de inovações sem aprovação."

Nietzsche: "Protocolo? Eu chamo isso de prisão. Vamos revolucionar este lugar com ideias ousadas e criatividade!"

Colega: "Nietzsche, você tem coragem. Como consegue se rebelar assim?"

Nietzsche: "Simples. Pergunte-se se o protocolo serve a você ou se você está servindo ao protocolo. Se for o segundo, está na hora de mudá-lo."

Rindo Da Rebeldia: Uma Nova Perspectiva

O humor nos ajuda a lidar com a rebeldia e a busca por autonomia de uma maneira leve e encorajadora. Nietzsche nos desafia a ser espíritos livres, a questionar as convenções e a viver de maneira autêntica. Desenvolver um espírito livre não é apenas sobre desafiar por desafiar, mas sobre encontrar um caminho que realmente ressoe com quem somos.

Portanto, da próxima vez que você se encontrar preso em convenções ou expectativas, pergunte-se: "Estou vivendo de acordo com meus próprios valores?" E se puder, ria da situação. Porque, afinal, a liberdade começa com um sorriso e a coragem de ser quem você realmente é.

CAPÍTULO 15 - CRÍTICA À DEMOCRACIA E À IGUALDADE: UMA PERSPECTIVA PROVOCATIVA

Crítica À Democracia E À Igualdade: As Provocações De Nietzsche

Friedrich Nietzsche foi um crítico feroz da democracia e da igualdade. Ele via essas ideias como manifestações da moralidade dos escravos, que valorizavam a mediocridade e a conformidade em detrimento da excelência e da individualidade. Para Nietzsche, a democracia nivelava por baixo, promovendo a mediocridade ao invés da grandeza, e a igualdade impedia o florescimento dos indivíduos mais talentosos e criativos.

Para Nietzsche, a verdadeira nobreza e grandeza surgem da distinção, da luta e da superação das massas. Ele defendia uma sociedade onde os indivíduos pudessem buscar e alcançar seu máximo potencial, sem serem restringidos por normas igualitárias ou democráticas que ele via como limitantes.

Aplicação Prática: Refletindo Criticamente Sobre Os Sistemas Políticos Modernos

Vamos explorar como podemos aplicar a crítica de Nietzsche à democracia e à igualdade para refletir criticamente sobre nossos sistemas políticos e sociais:

1. Questionando a conformidade:

Exemplo: Em vez de aceitar passivamente as normas sociais e políticas, questione se elas promovem a excelência ou a mediocridade.

Desafio: Participe de debates e discussões sobre políticas públicas e sociais, trazendo uma perspectiva crítica e questionadora.

Humor: "Nietzsche e a Reunião do Conselho: Questionando a Política de Café da Empresa"

2. Promovendo a excelência individual:

Exemplo: Incentive e celebre a excelência e a criatividade em sua comunidade ou local de trabalho.

Desafio: Organize um evento ou concurso que destaque talentos únicos e inovadores, promovendo a individualidade e a superação.

Humor: "Nietzsche e o Concurso de Talentos do Escritório: Celebrando a Individualidade"

3. **Desafiando as normas igualitárias:**

Exemplo: Reflita sobre como as normas igualitárias podem estar limitando o potencial dos indivíduos ao seu redor.

Desafio: Proponha mudanças em políticas ou práticas que permitam maior liberdade e oportunidade para a excelência individual.

Humor: "Nietzsche e o Debate Político: Provocações no Palanque"

Humor: "Nietzsche E O Debate Político: Provocações No Palanque"

Vamos adicionar um toque de humor imaginando Nietzsche participando de um debate político moderno.

Moderador: "Sr. Nietzsche, qual é sua posição sobre a democracia e a igualdade?"

Nietzsche: "Democracia? Igualdade? Por que deveríamos nivelar por baixo quando podemos aspirar à grandeza? Eu voto por uma sociedade que celebre a excelência e a distinção!"

Candidato 1: "Mas a igualdade é a base da justiça social."

Nietzsche: "A justiça que promove a mediocridade não é justiça. Deixem os grandes se destacarem e liderarem! E que o melhor café seja servido para aqueles que inovam!"

Público: *risos e aplausos*

Rindo Das Provocações: Uma Nova Perspectiva

O humor nos ajuda a lidar com provocações e críticas de maneira construtiva e reflexiva. A filosofia de Nietzsche nos desafia a questionar os fundamentos de nossos sistemas políticos e sociais, promovendo uma reflexão profunda sobre a verdadeira natureza da justiça e da excelência.

Portanto, da próxima vez que você participar de uma discussão política ou social, pergunte-se: "Estamos promovendo a excelência ou a mediocridade?" E se puder, ria das contradições. Porque, afinal, a vida é cheia de desafios e debates, e um sorriso pode tornar qualquer discussão mais produtiva e agradável.

CAPÍTULO 16 - NIETZSCHE E O DIREITO: QUESTIONANDO A JUSTIÇA

Crítica Ao Conceito De Justiça: Desafiando As Bases Morais Das Leis

Friedrich Nietzsche tinha uma visão crítica e complexa sobre justiça e direito. Ele argumentava que as leis e os sistemas de justiça são frequentemente construídos sobre fundamentos morais que ele via como restritivos e opressivos. Para Nietzsche, a justiça tradicional muitas vezes serve para manter o status quo e suprimir a individualidade e a criatividade.

Nietzsche via a justiça não como um conjunto de regras fixas e imutáveis, mas como um campo de forças em constante mudança, onde a luta pelo poder e a reavaliação dos valores são essenciais. Ele nos desafia a repensar as bases de nossos sistemas legais e a considerar como eles podem ser transformados para promover a verdadeira liberdade e excelência individual.

Aplicação Prática: Repensando O Sistema Legal Moderno

Vamos explorar como as críticas de Nietzsche ao conceito de justiça podem ser aplicadas para refletir e melhorar os sistemas legais modernos:

1. Questionando a moralidade subjacente às leis:

Exemplo: Reflita sobre as leis que parecem baseadas em moralidades arcaicas e que podem não mais servir ao bem comum.

Desafio: Participe de debates e fóruns sobre reforma jurídica. Questione se certas leis ainda são relevantes ou se precisam ser atualizadas.

Humor: "Nietzsche e o Julgamento do Século: Questionando as Leis Arcaicas do Tribunal"

2. Promovendo a justiça como um campo de forças:

Exemplo: Veja a justiça como um processo dinâmico, onde diferentes perspectivas e forças devem ser consideradas e equilibradas.

Desafio: Proponha discussões e estudos de caso que desafiem as noções tradicionais de justiça, promovendo uma visão mais flexível e adaptativa.

Humor: "Nietzsche e o Debate Jurídico: Transformando o Tribunal em um Campo de Batalha Filosófico"

3. **Aprimorando a excelência no sistema legal:**

Exemplo: Incentive práticas jurídicas que promovam a individualidade e a criatividade, em vez de apenas seguir as normas estabelecidas.

Desafio: Encoraje a inovação no campo jurídico, desde a prática até a educação, para criar um sistema que realmente sirva à justiça e à liberdade.

Humor: "Nietzsche e a Inovação Jurídica: Como Ser um Advogado Rebelde e Criativo"

Humor: "Nietzsche E O Julgamento Do Século: Questionando As Leis Arcaicas Do Tribunal"

Vamos adicionar um toque de humor imaginando Nietzsche como um advogado em um tribunal moderno.

Juiz: "Sr. Nietzsche, você tem a palavra para sua defesa."

Nietzsche: "Senhoras e senhores do júri, eu lhes pergunto: estamos aqui para manter o status quo ou para questionar a moralidade subjacente a essas leis antiquadas? Vamos lutar pela verdadeira justiça, onde a liberdade e a excelência possam florescer!"

Promotor: "Protesto, meritíssimo! Isso não é um tribunal de filosofia."

Nietzsche: "Ah, mas toda justiça é uma questão filosófica, e aqui estou para desafiar as fundações de vossas leis!"

Público: *risos e murmúrios de aprovação*

Rindo Das Leis: Uma Nova Perspectiva

O humor nos ajuda a questionar e refletir sobre os sistemas legais de maneira leve e provocativa. A filosofia de Nietzsche nos encoraja a ver a justiça como um processo dinâmico e em constante evolução, desafiando-nos a reavaliar as bases morais de nossas leis e a promover um sistema legal que verdadeiramente sirva à liberdade e à excelência.

Portanto, da próxima vez que você se deparar com uma questão legal, pergunte-se: "Essa lei promove a verdadeira justiça?" E se puder, ria das complexidades do sistema jurídico. Porque, afinal, a justiça é uma busca contínua, e um sorriso pode abrir caminhos para a inovação e a liberdade.

CAPÍTULO 17 - A GRANDE SAÚDE: A FILOSOFIA DO BEM-ESTAR INTEGRAL

Grande Saúde: Vigor Físico E Espiritual

Friedrich Nietzsche valorizava o conceito de "grande saúde" — uma visão de bem-estar que vai além da ausência de doença e abrange o vigor físico, a vitalidade espiritual e a robustez emocional. Para Nietzsche, a grande saúde é uma condição que permite aos indivíduos viverem plenamente, superando desafios e afirmando a vida com energia em toda a sua complexidade.

A grande saúde não é simplesmente estar livre de doenças, mas é uma expressão de força e capacidade de enfrentar a vida com energia e entusiasmo. É um estado em que corpo e espírito estão em harmonia, permitindo-nos viver de maneira autêntica e poderosa.

Aplicação Prática: Implementando Práticas De Bem-Estar Integral

Vamos explorar como podemos implementar práticas que promovam a grande saúde em nossas vidas diárias:

1. Cuidando do corpo:

Exemplo: Adote uma rotina de exercícios físicos que você goste, seja ioga, corrida, natação ou qualquer outra atividade que mova seu corpo.

Desafio: Comprometa-se a pelo menos 30 minutos de atividade física diária. Experimente diferentes tipos de exercícios para manter a motivação.

Humor: "Nietzsche e a Academia: A Filosofia do Bem-Estar e do Fitness"

2. Nutrição para a mente:

Exemplo: Alimente sua mente com leituras inspiradoras, aprendizados constantes e momentos de reflexão.

Desafio: Reserve um tempo diário para leitura ou meditação. Explore novos tópicos que despertem sua curiosidade e mantenham sua mente ativa.

Humor: "Nietzsche e o Clube do Livro: Filosofia, Vinho e Boas Conversas"

3. Cultivando a resiliência emocional:

Exemplo: Desenvolva práticas que fortaleçam sua

saúde emocional, como a gratidão, a meditação e o autocuidado.

Desafio: Pratique a gratidão diariamente. Escreva três coisas pelas quais você é grato antes de dormir.

Humor: "Nietzsche e a Sessão de Meditação: Encontrando Paz no Caos"

Humor: "Nietzsche E A Academia: A Filosofia Do Bem-Estar E Do Fitness"

Vamos adicionar um toque de humor imaginando Nietzsche frequentando uma academia moderna.

Instrutor: "Hoje vamos fazer uma aula de crossfit intensa!"

Nietzsche: "Crossfit? Que assim seja, mas que seja uma jornada de superação e autoafirmação!"

Colega de academia: "Nietzsche, você leva o fitness a um nível filosófico!"

Nietzsche: "O corpo é um templo para a grande saúde. Agora, vamos crossfitar como se estivéssemos afirmando a vida em cada movimento!"

Rindo Do Bem-Estar: Uma Nova Perspectiva

O humor nos ajuda a encarar a busca pelo bem-estar de uma maneira mais leve e motivadora. A filosofia de Nietzsche nos encoraja a abraçar a grande saúde como um estado de vigor integral — físico, mental e emocional. Cultivar a grande saúde é um compromisso diário com nós mesmos, permitindo-nos viver plenamente e com alegria.

Portanto, da próxima vez que você se sentir desmotivado a cuidar de sua saúde, pergunte-se: "Estou cultivando a grande saúde?" E se puder, ria das dificuldades. Porque, afinal, a vida é uma jornada contínua de crescimento e cuidado, e um sorriso pode tornar essa jornada muito mais agradável.

CAPÍTULO 18 - NIETZSCHE E A SAÚDE MENTAL: RESILIÊNCIA E SUPERAÇÃO

Saúde Mental: Aceitando O Sofrimento E Desenvolvendo Resiliência

Friedrich Nietzsche teve uma vida marcada por desafios pessoais e crises de saúde, tanto física quanto mental. No entanto, ele desenvolveu uma filosofia que valoriza a resiliência, a superação e a aceitação do sofrimento como parte integrante da vida. Nietzsche acreditava que o sofrimento poderia ser uma fonte de crescimento e transformação, uma oportunidade para fortalecer o espírito e descobrir novas verdades sobre si mesmo.

Para Nietzsche, a saúde mental não é apenas a ausência de doença, mas a capacidade de enfrentar e superar adversidades, encontrar sentido no caos e afirmar a vida mesmo diante das dificuldades. Sua filosofia nos oferece ferramentas para lidar com os desafios mentais e emocionais de maneira mais robusta e positiva.

Aplicação Prática: Promovendo A Saúde Mental Através Das Ideias De Nietzsche

Vamos explorar como podemos aplicar as ideias de Nietzsche para promover a saúde mental e a resiliência em nossas vidas:

1. Abraçando o sofrimento como parte da vida:

Exemplo: Reconheça que o sofrimento faz parte da experiência humana e que pode ser uma oportunidade para crescimento pessoal.

Desafio: Em vez de evitar ou negar o sofrimento, enfrente-o com coragem. Reflita sobre o que pode aprender com as dificuldades que enfrenta.

Humor: "Nietzsche e o Sofrimento do Dia a Dia: Transformando Dores em Oportunidades de Crescimento"

2. Desenvolvendo resiliência:

Exemplo: Pratique a resiliência ao se recuperar de contratempos e adversidades, mantendo uma perspectiva positiva.

Desafio: Sempre que enfrentar um obstáculo, faça uma lista das lições que pode aprender com essa experiência e como pode crescer a partir dela.

Humor: "Nietzsche e a Arte de Levantar Após Cada Queda: Resiliência com Sorrisos"

3. Encontrando sentido no caos:

Exemplo: Em vez de buscar um sentido pré-determinado na vida, crie seu próprio significado a partir das suas experiências e valores.

Desafio: Dedique um tempo diário para refletir sobre o que dá sentido à sua vida e como pode cultivar essas fontes de significado.

Humor: "Nietzsche e o Caos da Vida Moderna: Encontrando Sentido no Meio da Bagunça"

Humor: "Nietzsche E A Arte De Levantar Após Cada Queda"

Vamos adicionar um toque de humor imaginando Nietzsche oferecendo conselhos sobre resiliência em um grupo de apoio.

Facilitador do grupo de apoio: "Hoje, temos um convidado especial para falar sobre resiliência. Por favor, bem-vindo, Friedrich Nietzsche!"

Nietzsche: "Caros amigos, a vida é uma série de altos e baixos. Cada queda é uma oportunidade de levantar mais forte e mais sábio. Lembrem-se, o que não nos mata nos torna mais fortes. E um pouco de humor ao enfrentar as adversidades nunca faz mal!"

Participante 1: "Como você lidou com seus transtornos mentais, Nietzsche?"

Nietzsche: "Com uma boa dose de filosofia, reflexão e, claro, rindo da própria desgraça. A resiliência é a capacidade de rir e aprender mesmo nas situações mais difíceis."

Participante 2: "Então, podemos rir das nossas quedas?"

Nietzsche: "Com certeza! Rir é um dos melhores remédios para a alma. Vamos todos rir juntos das dificuldades e sair mais fortes do que nunca."

Rindo Dos Desafios Mentais: Uma Nova Perspectiva

O humor nos ajuda a enfrentar os desafios mentais e emocionais com leveza e resiliência. A filosofia de Nietzsche nos encoraja a ver o sofrimento como parte da vida, a desenvolver resiliência e a encontrar nosso próprio significado no caos. Enfrentar os desafios mentais com um sorriso nos ajuda a transformar dificuldades em oportunidades de crescimento e superação.

Portanto, da próxima vez que você se sentir sobrecarregado ou desanimado, pergunte-se: "Como posso crescer com esta experiência?" E se puder, ria dos desafios. Porque, afinal, a vida é uma série de altos e baixos, e um sorriso pode tornar qualquer queda uma chance de se levantar mais forte.

CAPÍTULO 19 - NIETZSCHE E A TECNOLOGIA: HUMANIDADE EM TEMPOS DE MÁQUINAS

Tecnologia E Inteligência Artificial (Ia): Impacto Na Autonomia E Criatividade

Embora Nietzsche tenha vivido muito antes da era digital, suas ideias sobre a humanidade, a liberdade e a individualidade podem ser aplicadas para refletir sobre a revolução tecnológica que vivemos hoje. A tecnologia, especialmente a Inteligência Artificial (IA), transformou radicalmente nossas vidas, trazendo benefícios e desafios únicos.

Nietzsche nos incentivaria a questionar como a tecnologia e a IA impactam nossa autonomia, criatividade e relações humanas. Ele nos encorajaria a usar a tecnologia como uma ferramenta para a autossuperação, sem nos tornarmos dependentes dela.

Aplicação Prática: Navegando A Era Digital Com Sabedoria

Vamos explorar como podemos aplicar as ideias de Nietzsche para navegar o mundo tecnológico e a IA de maneira sábia e consciente:

1. Usando a tecnologia e a IA para a autossuperação:

Exemplo: Utilize ferramentas tecnológicas e IA para aprender novas habilidades, expandir conhecimentos e melhorar a saúde física e mental.

Desafio: Defina limites para o uso da tecnologia e da IA evitando a dependência e promovendo um uso saudável e equilibrado.

Humor: "Nietzsche e o Detox Digital: Enfrentando o Mundo sem Wi-Fi"

2. Mantendo a autenticidade nas redes sociais:

Exemplo: Use as redes sociais para se expressar autenticamente, em vez de apenas seguir tendências e buscar aprovação.

Desafio: Compartilhe algo significativo ou criativo que realmente reflita quem você é, em vez de postar apenas para agradar os outros.

Humor: "Nietzsche no Instagram: Filosofia com Filtros e Hashtags"

3. Cultivando relações humanas na era digital:

Exemplo: Use a tecnologia para fortalecer conexões reais, promovendo conversas profundas e encontros significativos.

Desafio: Organize encontros presenciais ou videochamadas significativas com amigos e familiares, fugindo das interações superficiais.

Humor: "Nietzsche e o Jantar sem Celulares: Redescobrindo a Arte da Conversa"

4. Questionando a autonomia na era da IA:

Exemplo: Reflita sobre como a IA influencia suas decisões e se você está cedendo demais à conveniência em detrimento da autonomia.

Desafio: Experimente tomar decisões importantes sem consultar assistentes digitais ou algoritmos de recomendação para testar sua própria capacidade de julgamento.

Humor: "Nietzsche e o Assistente Virtual: Quem Realmente Está no Controle?"

Humor: "Nietzsche E O Assistente Virtual"

Vamos adicionar um toque de humor imaginando Nietzsche interagindo com um assistente virtual.

Nietzsche: "Assistente, qual o sentido da vida?"

Assistente virtual: "Desculpe, Nietzsche, não consigo responder a isso. Mas posso encontrar ótimos restaurantes por perto!"

Nietzsche: "Restaurantes? Que decadência. E pensar que a humanidade chegou a isso. Muito bem, assistente, encontre-me um lugar onde possa refletir sobre a vida enquanto desfruto de uma boa cerveja artesanal."

Assistente virtual: "Encontrei uma cervejaria nas proximidades. É isso que você estava procurando?"

Nietzsche: "Talvez a tecnologia tenha seus méritos afinal. Vamos ver se este lugar pode inspirar algumas reflexões profundas."

Rindo Da Tecnologia: Uma Nova Perspectiva

O humor nos ajuda a lidar com os desafios da era digital de maneira leve e reflexiva. A filosofia de Nietzsche nos encoraja a usar a tecnologia e a IA de forma consciente, promovendo a autossuperação, a autenticidade e as relações humanas significativas. Enfrentar as complexidades da tecnologia com um sorriso nos ajuda a equilibrar o digital com o real.

Portanto, da próxima vez que você se sentir sobrecarregado pela tecnologia, pergunte-se: "Estou usando essas ferramentas para melhorar minha vida ou apenas para passar o tempo?" E se puder, ria das contradições. Porque, afinal, a vida é um equilíbrio contínuo entre o digital e o real, e um sorriso pode tornar essa navegação muito mais agradável.

CAPÍTULO 20 - NIETZSCHE E A ESPIRITUALIDADE

A Crítica À Religião Tradicional

Friedrich Nietzsche é frequentemente lembrado por sua famosa declaração "Deus está morto", que expressa sua crítica à religião tradicional e ao declínio das verdades absolutas que sustentaram a moralidade e a cultura ocidentais. Nietzsche acreditava que as religiões organizadas, especialmente o cristianismo, promoviam uma moralidade de rebanho que sufocava a individualidade e a criatividade.

Para Nietzsche, a espiritualidade autêntica não se encontrava em dogmas religiosos ou instituições, mas na busca pessoal e sincera por significado, superação e autoafirmação. Ele via a religião tradicional como uma forma de escapismo, uma maneira de evitar as duras realidades da vida, ao invés de enfrentá-las diretamente.

A Espiritualidade Como Autossuperação

Apesar de sua crítica à religião tradicional, Nietzsche não rejeitou completamente a espiritualidade. Em vez disso, ele propôs uma forma de espiritualidade centrada no indivíduo e na vida terrena, em oposição à vida após a morte prometida pelas religiões. Essa espiritualidade se manifesta na busca contínua pela autossuperação e pela criação de valores próprios. É um processo contínuo de transformação e aprimoramento.

1. A busca pelo Übermensch:

Exemplo: O conceito do Übermensch (Super-Homem) representa o ideal de alguém que transcende os valores convencionais e cria seus próprios. Isso não é apenas uma superação física, mas uma transformação espiritual e moral.

Desafio: Defina uma área de sua vida onde você deseja se superar. Desenvolva um plano de ação para crescer nessa área, seja no desenvolvimento pessoal, na carreira ou nas relações interpessoais.

Humor: "Nietzsche e o Workshop de Autossuperação: Superando Limites com Estilo"

2. A vontade de poder como força espiritual:

Exemplo: A vontade de poder não se limita ao domínio sobre os outros, mas inclui a capacidade de moldar a própria vida e criar significado pessoal.

Desafio: Identifique algo em sua vida que você deseja mudar ou melhorar. Use sua vontade de poder para implementar essa mudança, transformando desafios em oportunidades.

Humor: "Nietzsche no ritual xamânico: a vontade de poder na força da ayahuasca"

3. O eterno retorno e a apreciação do presente:

Exemplo: O conceito do eterno retorno desafia você a viver cada momento como se tivesse que repeti-lo eternamente. Isso encoraja uma apreciação profunda do presente e uma vida cheia de significado.

Desafio: Pratique a atenção plena (mindfulness) e breathwork (trabalho de respiração) para viver plenamente cada momento. Faça um esforço consciente para estar presente em suas atividades diárias e apreciar a beleza do cotidiano.

Humor: "Nietzsche e a Meditação Mindfulness: Encontrando Eternidade no Agora"

Humor: "Nietzsche No Ritual Xamânico: A Vontade De Poder Na Força Da Ayahuasca"

Vamos imaginar Nietzsche participando de um ritual xamânico moderna, aplicando sua filosofia à prática espiritual.

Xamã: "Hoje vamos focar na força do Haux. Encontre seu equilíbrio interno."

Nietzsche: "Equilíbrio interno? Ah, isso é perfeito! Vamos usar a vontade de poder para nos firmarmos com força e graça!"

Participante 1: "Nietzsche, você leva o xamanismo a um nível filosófico!"

Nietzsche: "A vontade de poder pode ser aplicada a tudo, meu caro! Até mesmo a encontrar equilíbrio na dança cósmica."

Xamã: "E lembrem-se, respirem fundo e abracem o momento presente."

Nietzsche: "Cada respiração, uma afirmação da vida! Vamos fazer deste momento algo que valha a pena ser repetido eternamente."

Rindo Da Espiritualidade: Uma Nova Perspectiva

O humor nos ajuda a abordar a espiritualidade de maneira leve e acessível. Nietzsche nos desafia a buscar uma espiritualidade que seja pessoal, autêntica e centrada na vida terrena. Ao invés de procurar respostas fora de nós, ele nos incentiva a encontrar significado e propósito em nossa própria busca de autossuperação e na criação de nossos próprios valores.

Portanto, da próxima vez que você se sentir perdido em sua busca espiritual, pergunte-se: "Estou criando meus próprios valores e vivendo de acordo com meu verdadeiro eu?" E se puder, ria das contradições e desafios dessa jornada. Porque, afinal, a espiritualidade também pode ser uma aventura divertida e enriquecedora.

CAPÍTULO 21 - NIETZSCHE E A UFOLOGIA: O ÜBERMENSCH E OS VISITANTES INTERGALÁCTICOS

Nietzsche E O Desconhecido: Aventurando-Se No Cosmos

Friedrich Nietzsche era um grande defensor da ideia de que o ser humano deve sempre se desafiar a explorar o desconhecido, questionar o que parece óbvio e romper com as convenções estabelecidas. Para ele, a "vontade de poder" era a força motriz por trás do impulso humano para superar limites, criar novos valores e se reinventar constantemente. Mas e se esse desconhecido não estivesse limitado apenas à Terra? E se ele se estendesse às vastidões do cosmos, onde a humanidade poderia encontrar outras formas de vida inteligente? A ufologia, ou o estudo dos OVNIs e da possibilidade de vida extraterrestre, pode ser vista como uma extensão do impulso nietzschiano para a superação — uma busca para entender não apenas o universo que nos rodeia, mas também o que significa ser humano em um contexto cósmico.

Nietzsche não poderia prever o surgimento da ufologia como a conhecemos hoje, mas suas ideias sobre superação e a necessidade de desafiar nossos próprios conceitos podem ser aplicadas a essa área de estudo. A curiosidade humana em relação à existência de vida em outros planetas, e o que isso significaria para nossa compreensão da vida e do universo, é uma expressão da vontade de poder, expandindo as fronteiras do conhecimento e da experiência humana.

Aplicação Prática: Superando Limites, Até No Espaço

O que podemos aprender de Nietzsche ao considerar a possibilidade de vida extraterrestre? Primeiramente, devemos entender que o encontro com o desconhecido, seja ele em outro continente, planeta ou dimensão, nos força a reavaliar nossos valores e nossa posição no universo. Se extraterrestres realmente existem e se cruzarmos com eles, isso não seria apenas um evento científico, mas também um desafio filosófico profundo.

Como o Übermensch, ou Super-Homem, de Nietzsche, devemos nos preparar para essa possibilidade, não apenas desenvolvendo tecnologias espaciais, mas também fortalecendo nossas mentes e espíritos. Isso significa abraçar a incerteza, ser flexíveis em nossa moralidade e estar prontos para criar novos valores que possam surgir dessa interação. Afinal, como lidamos com a diferença? Como reagimos ao encontrar uma inteligência que pode ser mais avançada do que a nossa? Seríamos capazes de manter a nossa dignidade e valor, ou cairíamos na tentação de nos submeter a esses "seres superiores"?

Para Nietzsche, o verdadeiro poder reside na capacidade de criar e afirmar valores próprios, independentemente das circunstâncias externas. Assim, a maior lição que podemos tirar da filosofia nietzschiana em relação à ufologia é a necessidade de sermos os criadores de nosso destino, mesmo quando confrontados com o vasto e desconhecido cosmos. Isso significa que, ao invés de temer o desconhecido ou de buscar apenas respostas tecnológicas, devemos nos focar em fortalecer o espírito humano para que possamos interagir com qualquer forma de vida de igual para igual, com respeito, mas também com confiança em nosso próprio valor.

Humor: Nietzsche E Os Alienígenas No Barcena: Um Bar Intergaláctico, Cheio De Seres De Diferentes Planetas.

Nietzsche está sentado no balcão, refletindo sobre o universo, quando um interessado se aproxima curioso.

Alienígena: "Você é Friedrich Nietzsche, o filósofo da Terra, certo? Viajamos por todo o cosmos para entender a moralidade dos humanos. Ainda segue aquela moralidade de escravos e senhores?"

Nietzsche: *(Sorrindo levemente)* "Interessante. Vocês viajaram anos-luz para estudar a moralidade da Terra? Talvez devessem ter feito uma parada pelo caminho para aprender sobre a transvaloração dos valores.

Aqui, ainda estamos presos à velha moralidade, mas não se preocupe — o processo de superação está em andamento."

Alienígena: "Transvaloração? O que seria isso?"

Nietzsche: *(Bebendo calmamente)* "É a capacidade de criar novos valores, em vez de se apegar às velhas verdades impostas. Na Terra, ainda lutamos para alcançar esse estágio. Mas diga-me, em suas viagens pelo cosmos, já o encontrei Übermensch? Alguma civilização conseguiu superar as limitações de seus instintos mais baixos?"

Alienígena: "Übermensch? Ainda não. Descobri muitos seres inteligentes, mas nenhum que se aproxime desse conceito."

Nietzsche: *(Sorrindo provocativamente)* "Bem, continue sua busca. Talvez a Terra ainda não tenha chegado lá, mas, quem sabe, vocês encontrem esse ser em outro planeta. Apenas lembrem-se: o eterno retorno não salvou ninguém, nem aqui, nem em outra galáxia. Estamos todos condenados a repetir nossas escolhas, até aprendermos a criar algo realmente novo."

Alienígena: "Isso faz mais sentido do que a moralidade que estudamos. Talvez estejamos focando na coisa errada..."

Nietzsche: *(Tomando o último gole)* "A verdadeira

jornada não é a física, é a superação de si mesmo. Vocês podem explorar o universo inteiro, mas a maior descoberta será sempre interior."

Rindo Da Ufologia: Uma Nova Perspectiva

A ufologia, sob a ótica de Nietzsche, deixa de ser apenas uma busca por evidências de discos voadores ou teorias da conspiração. Em vez disso, torna-se uma provocação filosófica, um convite para reavaliar o que sabemos sobre nós mesmos e sobre o universo. Se algum dia encontrarmos vida extraterrestre, Nietzsche provavelmente nos desafiaria a não ver isso como uma ameaça ou uma prova de nossa insignificância, mas como uma oportunidade para redefinir nossos valores e aspirações.

Em última análise, o verdadeiro desafio não é simplesmente encontrar alienígenas, mas estar preparados para questionar tudo o que pensamos saber. A ufologia, então, torna-se um campo de testes para a superação humana, onde o verdadeiro objetivo é transcender nossas limitações, não apenas tecnológicas, mas também morais e espirituais. E quem sabe, no processo, talvez descubramos que o verdadeiro Übermensch não é um ser de outro planeta, mas o ser humano que conseguiu olhar para as estrelas e ver não apenas o que está lá fora, mas o potencial infinito que reside dentro de si.

CAPÍTULO 22 - A FILOSOFIA DA ALEGRIA E DO RISO

Alegria E Riso: Expressões De Força E Vitalidade

Friedrich Nietzsche é frequentemente lembrado por suas críticas afiadas e suas ideias desafiadoras, mas ele também tinha uma visão positiva da alegria e do riso. Para Nietzsche, a alegria é uma expressão de força e vitalidade, um sinal de que estamos vivendo plenamente e afirmando a vida em todas as suas facetas. Ele via o riso como uma maneira de superar as dificuldades, de desafiar o que é convencional e de abraçar a vida com todas as suas contradições.

A filosofia da alegria de Nietzsche não é sobre buscar prazer superficial, mas sobre encontrar um sentido profundo e autêntico na vida, mesmo diante das adversidades. É sobre rir diante dos desafios e celebrar a existência com todo o seu caos e beleza.

Aplicação Prática: Encontrando Alegria Nas Pequenas Coisas

Vamos explorar como podemos cultivar a alegria e o riso em nossas vidas diárias, encontrando significado nas pequenas coisas:

1. Abraçando a alegria cotidiana:

Exemplo: Dedique tempo para apreciar as pequenas coisas que trazem alegria, como um pôr do sol, uma conversa com um amigo ou um bom livro.

Desafio: Mantenha um diário de gratidão onde você anota três coisas que trouxeram alegria ao seu dia. Reflita sobre essas coisas regularmente.

Humor: "Nietzsche e a Busca pelo Café Perfeito: Uma Jornada de Alegria Diária"

2. Rindo das adversidades:

Exemplo: Encare os desafios com um sorriso e procure o humor nas situações difíceis.

Desafio: Quando algo der errado, encontre uma maneira de rir da situação. Compartilhe a história com amigos de maneira leve e divertida.

Humor: "Nietzsche e o Dia de Trabalho Péssimo:

Transformando Frustrações em Risadas"

3. Celebrando a vida com humor:

Exemplo: Use o humor para celebrar a vida e para se conectar com os outros.

Desafio: Faça algo que te faça rir todos os dias, seja assistindo a um comediante favorito, lendo uma tirinha engraçada ou brincando com amigos.

Humor: "Nietzsche no Stand-Up Comédia: A Filosofia do Riso"

Humor: "Nietzsche Sem Comédia Stand-Up"

Vamos adicionar um toque de humor imaginando Nietzsche tentando sua sorte no mundo do stand-up comédia.

Nietzsche (no palco): "Boa noite a todos! Sabe, dizem que 'Deus está morto', mas pelo menos podemos rir disso, certo?"

Público: *risos*

Nietzsche: "A vida é cheia de caos e absurdos, então por que não abraçar isso e rir das nossas próprias contradições? Afinal, a alegria é a melhor vingança contra a seriedade."

Público: *mais risos*

Nietzsche: "Então, da próxima vez que algo der errado, lembre-se: se você não pode mudar a situação, pelo menos pode rir dela!"

Rindo Com A Vida: Uma Nova Perspectiva

O humor nos ajuda a lidar com a vida de uma maneira mais leve e positiva. A filosofia de Nietzsche nos encoraja a encontrar alegria e significado nas pequenas coisas, a rir diante das adversidades e a celebrar a existência com todas as suas contradições.

Portanto, da próxima vez que você se sentir sobrecarregado ou desanimado, pergunte-se: "Como posso encontrar alegria nesta situação?" E se puder, ria da adversidade. Porque, afinal, a vida é uma celebração contínua, e um sorriso pode transformar qualquer dia em uma festa.

CONCLUSÃO: NIETZSCHE PARA RIR E VIVER

Você chegou ao fim de nossa jornada através das ideias provocadoras e inspiradoras de Friedrich Nietzsche, apresentadas com uma pitada de humor para tornar tudo mais acessível e agradável.

Ao longo deste livro, exploramos conceitos complexos como a moralidade dos escravos e senhores, o apolíneo e o dionisíaco, o Übermensch, a morte de Deus, a vontade de poder, o eterno retorno, o amor fati, o ressentimento, o perspectivismo, a metafísica, o niilismo, a arte, o espírito livre, a alegria, a democracia, a saúde, o direito, a tecnologia, a espiritualidade, a ufologia e o humor. Cada um desses conceitos foi desmistificado e aplicado à vida moderna de uma maneira prática e divertida.

Vivendo Como Um Übermensch Moderno

Adotar a filosofia de Nietzsche na vida cotidiana não significa simplesmente entender suas ideias, mas também viver de acordo com elas. Ser um Übermensch moderno envolve:

Superar limitações: Não se contentar com o que

é fácil ou confortável, mas buscar constantemente o crescimento e a autossuperação.

Criar novos valores: Não aceitar cegamente os valores impostos pela sociedade, mas criar e viver de acordo com seus próprios valores autênticos.

Abraçar a vida completamente: Aceitar a vida com todos os seus altos e baixos, e ver cada experiência como uma oportunidade para aprender e crescer.

Rindo E Aprendendo Com Nietzsche

Esperamos que o humor ao longo deste livro tenha ajudado a tornar a filosofia de Nietzsche mais acessível e menos intimidadora. Rir de nós mesmos e das situações que enfrentamos é uma maneira poderosa de lidar com as complexidades da vida. Nietzsche, com sua sagacidade e ironia, nos mostra que a filosofia não precisa ser sempre séria para ser significativa.

O Próximo Passo: Aplicando Nietzsche Na Vida Diária

Agora que você está armado com o conhecimento das ideias de Nietzsche, é hora de aplicar esses conceitos em sua vida. Experimente ver o mundo através das lentes do perspectivismo, abrace a vida com amor fati e busque superar suas próprias limitações como um verdadeiro Übermensch. E, acima de tudo, não se esqueça de rir e aproveitar a jornada.

"O que não nos mata nos torna mais fortes." - Friedrich Nietzsche

E quem sabe, um pouco mais sorridentes também.

LEITURAS RECOMENDADAS

Se você gostou de aprender sobre as ideias de Friedrich Nietzsche neste livro e deseja aprofundar seu conhecimento, aqui estão alguns dos principais livros de Nietzsche, juntamente com um breve resumo de cada um:

· **O Nascimento da Tragédia (1872)**: Nesta obra, Nietzsche explora a dualidade entre as forças apolíneas (ordem) e dionisíacas (caos) na cultura grega antiga, argumentando que a verdadeira tragédia grega surge da união (equilíbrio) dessas forças.

· **Humano, Demasiado Humano (1878)**: Uma coleção de aforismos que abordam temas como moralidade, religião, cultura e sociedade. Marca a transição de Nietzsche para uma abordagem mais científica e psicológica da filosofia, afastando-se da metafísica.

· **Aurora (1881)**: Analisa as origens históricas e psicológicas dos valores morais, questionando as tradições morais herdadas. Composto por aforismos que incentivam a autorreflexão.

· **A Gaia Ciência (1882, 1887)**: Este livro, cujo título pode ser traduzido como "A Alegre Ciência", celebra a vida e o conhecimento. É aqui que Nietzsche proclama pela primeira vez "Deus está morto", um conceito central em seu pensamento. A obra explora a liberdade e a criatividade humanas após a perda de valores absolutos.

·   **Assim Falou Zaratustra (1883-1885)**: Talvez o mais famoso dos trabalhos de Nietzsche, este livro é escrito como uma série de discursos e parábolas entregues por Zaratustra, um profeta fictício. A obra introduz muitos dos conceitos centrais de Nietzsche, como o Übermensch, o eterno retorno e a vontade de poder.

·   **Além do Bem e do Mal (1886)**: Neste livro, Nietzsche aprofunda suas críticas à moralidade tradicional e às convenções filosóficas da época. Ele desafia a noção de verdade objetiva e defende uma abordagem perspectivista da compreensão humana.

·   **Genealogia da Moral (1887)**: Dividido em três ensaios, este livro explora as origens e o desenvolvimento das normas morais. Nietzsche argumenta que a moralidade tradicional é uma forma de ressentimento dos fracos contra os fortes e propõe uma reavaliação dos valores.

·   **O Crepúsculo dos Ídolos (1888)**: Escrito em poucas semanas, este livro é uma crítica incisiva da cultura, da moral, da religião e da filosofia ocidentais. Nietzsche visa "derrubar ídolos" – crenças e figuras reverenciadas que ele vê como prejudiciais ou enganosas.

- **O Anticristo (1888)**: Neste texto, Nietzsche oferece uma crítica devastadora ao cristianismo, que ele vê como uma religião que glorifica a fraqueza e a submissão. Ele contrasta isso com sua visão de um ser humano forte e afirmativo.

- **Ecce Homo (1888)**: Autobiográfico e introspectivo, este livro é uma reflexão sobre a própria vida e obras de Nietzsche. O título, que significa "Eis o homem", é uma referência irônica ao julgamento de Cristo, e o livro oferece uma defesa apaixonada e às vezes provocativa de suas ideias.

Além desses, Nietzsche também escreveu outras obras menores, coleções de aforismos e ensaios, e deixou muitos fragmentos póstumos que foram publicados após sua morte. No entanto, os 10 livros listados acima são considerados suas principais contribuições à filosofia e representam o núcleo de seu pensamento e influência.

AGRADECIMENTOS

Escrever este livro foi uma jornada incrível, repleta de momentos de reflexão profunda, risadas e desafios. Tenho muitas pessoas a agradecer por tornarem essa jornada possível e gratificante.

Primeiramente, agradeço à minha família por seu amor e apoio incondicional. Vocês me inspiraram a seguir em frente, mesmo quando as palavras pareciam não fluir. Agradeço especialmente a Daniel Almeida Prudente, meu filho; e Joana Dar'c Moretti Prudente e Nehemias Carlos Prudente, meus pais.

Aos meus zamigos, que suportaram minhas intermináveis discussões sobre Nietzsche e não hesitaram em oferecer feedback honesto e encorajador. Suas contribuições foram inestimáveis e suas risadas, contagiosas. Obrigado por me lembrarem de que a filosofia pode e deve ser divertida. Agradeço também a IA, que ajudou a aprimorar minhas ideias e a tornar este livro uma realidade.

À minha equipe editorial, que transformou meu manuscrito em um livro polido e legível. Obrigado por sua dedicação, expertise e paciência. Agradeço especialmente o Eu Superior por suas sugestões perspicazes e sua capacidade de encontrar o equilíbrio perfeito entre rigor filosófico e humor.

Aos leitores do Factótum Cultural, que acompanharam meu progresso e ofereceram valiosos comentários ao longo do caminho. Sua interação e entusiasmo me motivaram a continuar e melhorar constantemente.

E, claro, um agradecimento especial a Friedrich Nietzsche, vulgo Mozão Frederico, cujas ideias desafiadoras e provocativas continuam a inspirar e intrigar. Espero que este livro ajude a tornar sua filosofia mais acessível e divertida para todos.

Agradeço também à era digital e às inovações tecnológicas que permitiram que este livro chegasse a tantos leitores. A tecnologia é uma ferramenta poderosa, e usar seu potencial para disseminar ideias filosóficas é uma honra e uma responsabilidade que levo a sério.

Finalmente, agradeço a você, leitor, por embarcar nesta jornada filosófica comigo. Espero que este livro tenha trazido novos insights e sorrisos à sua vida. Que você continue a explorar, questionar e, acima de tudo, rir.

Muito obrigado a todos!

SOBRE O AUTOR

Neemias Moretti Prudente

É um apaixonado pelo conhecimento que acredita que as grandes ideias não precisam ser complicadas ou intimidantes. Com uma abordagem prática e bem-humorada, ele se dedica a tornar o conhecimento acessível e relevante para o dia a dia das pessoas.

Formado em Direito e Filosofia, Neemias sempre teve um interesse profundo em entender o universo (e o multiverso) através de diversas lentes. Ao longo de sua carreira, ele escreveu sobre as diversas áreas do conhecimento, sempre com o objetivo de conectar o saber com situações práticas da vida cotidiana.

Além de escritor, Neemias é Advogado, palestrante e educador, conhecido por suas apresentações dinâmicas e envolventes que combinam rigor intelectual com uma pitada de humor. Sua capacidade de simplificar ideias complexas e aplicá-las de maneira prática tem inspirado muitas pessoas a explorar o conhecimento de uma nova forma mais leve.

Quando não está escrevendo ou advogando, Neemias gosta de ler, assistir filmes, praticar meditação, buscar o autoconhecimento, a expansão da consciência, viajar, comer, correr e experienciar as coisas que o universo tem para oferecer. Ele acredita que a vida é uma aventura contínua de aprendizado e crescimento, e se esforça para viver de acordo com os princípios filosóficos e espirituais que escreve.

Neemias reside em Maringá/PR, onde continua a explorar, escrever e compartilhar sua paixão pelas diferentes áreas do saber. Ele está sempre aberto a novas ideias e conversas, e adora conectar-se com seus leitores através de blog, redes sociais etc. Com uma abordagem leve e acessível, ele busca inspirar outros a aplicar a sabedoria em suas próprias vidas, encontrando alegria e significado em cada momento.

Sem humor a vida seria um erro.

Haux!

Email: neemias.criminal@gmail.com
Instagram: @neemiasprudente
Facebook: @neemiasmprudente